京都に行く前に知っておくと得する50の知識

初心者からリピーターまで、京都に行くならどっち!?

柏井 壽

WANIBOOKS

はじめに

京都は迷う街である。

と言っても、道に迷うという意味ではなく、いつ行くべきか、何を見るべきか、どう動けばいいのか、何を食べるのか、どこに泊まればいいのか、などなど。旅に出る前に迷い、京都に着いてからも迷い、そして帰ってからもまた迷う。そんな迷いである。

迷いが多いのは、つまりは、それほどに選択肢が多いからであって、そんな街は他に例がないと思う。

あれがいいか、これがいいか、を迷うことがたくさんあるのは、すなわち、それほどに京都が奥深いからであり、かつ幅広いからで、さほど大きくない街の中に、旅の愉しみがぎっしりと詰まっている証左なのである。

二者択一。はっきりと答えを出せる問いかけもあれば、迷いに迷ったあげく、曖昧な答えに終わったものもある。

叶うなら、京都旅を企てたころに本書をお読みいただき、旅のプラン作りの参考にしていただきたい。だが、京都に来てからでも遅くはない。本書を読んで、急きょ予定変更、となるかもしれない。お役に立てば幸いである。

柏井 壽

京都に行く前に知っておくと得する50の知識　もくじ

京都に行く前に知っておくと得する50の知識　もくじ

※本書の内容は、２０１６年９月現在のものです。また、筆者の経験や見解をもとに執筆されており、お店などの公式な見解ではありませんので、ご了承ください。

01

空いている京都に行きたいなら——「夏」「冬」どっち？

いったいいつからこんなに京都は混みあうようになったのだろう。今の京都にオフシーズンという言葉はない。いや、ない、のではなく、なくした、といったほうが正確だろう。自然にまかせたなら、春のさくらと秋のもみじ。長く京都の観光シーズンといえば、このふたつしかなかった。

そこに人の手が加わると、**京都三大祭**と、あとはお盆に行われる地図A、B**〈京都五山の送り火〉**。京都に観光客が押し寄せるのは、せいぜいこんなものだった。

それでも京都は、日本有数の観光地として知られ、しばしば雑誌でも取り上げられ、観光都市として不動の人気を誇っていた。

人の欲望というものは限りがないもので、—もっと観光客を増やそう—という流れは官民一体となり、その声は途切れることなく続いてきた。

その結果、夏や冬にも様々なイベントが生みだされ、京都を訪れる旅人の数はたえず右肩上がりとなり、いつしかオフシーズンという言葉が京都から消えた。

盛夏極まる頃には、**〈京の七夕〉**《地図B、C》が開かれ、真冬には**〈京都嵐山花灯路〉**《地図D》が行われる。どちらも長い歴史を誇るような祭りではないのだが、いつの間にか京都にしっくり溶け込み、伝統行事のように見えてしまうのが京都マジック。じわじわと人気が出てきて、今やこれらのイベント期間中は宿が取れないという事態に至った。

だから「空いている」とは言え、それは春や秋のトップシーズンに比べれば、という程度であって、夏も冬も京都に観光客の絶えることは決してない。

さて京の夏と冬。どちらも長く敬遠されてきたのは、その厳しい気候ゆえのこと。冬に北海道から京都を訪れた旅人が、その寒さに震えあがり、夏に沖縄からやってきた人々が、あまりの暑さに耐えきれず日程を早めて帰ってしまったと、まことしやかに伝わるが、あながちジョークとは言えないほど、京の冬の底冷えは厳しく、夏はいやになるほど暑い。六十年以上も京都に住んできた僕が言うのだから間違いない。

そんなことも踏まえた上で、夏と冬のどちらをお奨めするかといえば、僕はいつも冬に軍配を上げてしまう。その最大の理由は、先に挙げた気候の問題。

地球温暖化のせいかどうかは分からぬが、とにかく夏の京都の暑さは尋常とは思えず、歩くことすら苦痛を覚えるほど。寺や神社を巡って、となれば相当な覚悟を持って臨まないといけない。屋内はともかくも、屋外の暑さを防ぐ手立てはない。

そこへいくと冬は服装を工夫することで、なんとか寒さを克服できる。加えて寒風はときに身や心を引きしめてくれ、京都らしさを感じ取ることもできなくはない。

寺や神社、名所旧跡を歩いて回ろうとするなら、絶対に夏より冬だ。

一方で、食の面からすれば、夏と冬の甲乙はつけがたいものがある。

夏は言わずと知れた鱧《はも》、そして鮎《あゆ》がある。祇園祭は別名〈鱧祭り〉と呼ばれるほど、**夏の鱧は京名物で、鮎の旨さは日本一と称されるほどだ。片や冬はと言えば、海の京都、日本海から蟹がやってくる。加えて冬の京野菜は格別の旨さを湛える。**食いしん坊には夏冬、両方をお奨めしておこう。

という前提のもとに、夏と冬。京都でどんなふうに過ごせばいいか。

参考にしたいのは『枕草子』。

―夏は夜。月のころはさらなり、闇もなほ、蛍の多く飛びちがひたる。―　とある。

まさしくそのとおりであって、**初夏から梅雨入り前のころ、京都の街中のあちこちで蛍が飛び交う。**よく知られたところでは**「上賀茂神社」**地図Aや**「下鴨神社」**地図A。どちらも境内の小さな流れに沿って、幽玄の光が細い帯を揺らす。夏一番の見もの。

―冬はつとめて。雪の降りたるは言ふべきにもあらず、―　とあるように、夜半しんしんと雪が降った翌朝は早ければ早いほどいい。目指すは鴨川堤。**川の両側が白く染まり、見上げれば、東山も雪化粧している。うまくすれば〈白い大文字〉を見ることができる。**

夏は夜の蛍。冬は早朝の雪。平安時代の半ばから、平成の今日になっても、変わらぬ京の美しさである。

名所旧跡を回るなら冬。食いしん坊には夏冬両方お奨め。

上賀茂《かみがも》神社の蛍。境内の小さな流れに沿って、幽玄の光が細い帯を揺らす。

雪の鴨川堤。川の両側が白く染まり、うまくすれば東山の〈白い大文字〉を見ることができる。

02

街なかの移動手段でお奨めは――「地下鉄」「バス」どっち？

京都はさほど広い街ではない。平安の都よりはいくらか広がったとは言え、今も狭いエリアに名所旧跡がひしめきあっている。

嵐山、嵯峨野《さがの》、伏見、宇治などを除けば、四方の大路に囲まれた区域が京の街。東大路、北大路、西大路と三方に広い通りがあり、南大路という通りは存在しないが、おおむね九条通がそれに代わるものとされる。これらの大路に囲まれた、南北はおよそ八キロ。東西はざっと四キロ。

東京でたとえるなら、南北は飯田橋あたりから品川までが八キロほど。東西は茅場《かやば》町《ちょう》から赤坂見附《みつけ》あたりが四キロ。京都の中心部は、そんな狭いエリアなのである。

東京ならこのエリアにどれくらい多くの地下鉄が走っているだろうか。比べて京都は南北に走る烏丸《からすま》線と、東西を貫く東西線の、縦横一本ずつしか走っていないのだ。

どこへ行くにも地下鉄を乗り継いで、というわけにはいかないのが京都。

ではバスはどうか。

街なかを歩いていて、都内の中心部で路線バスを見かけることはあまりないが、京都は違う。通りはバスだらけ、と言ってもいいほど。南北八キロ、東西四キロのエリアの中を、碁盤の目に沿うように、縦横無尽にバスが、それも頻繁に走っている。

南北一本、東西一本という地下鉄路線との差は歴然。ならばバスが優位か、と言えば、そうとも言い切れないところに京都の複雑な交通事情がある。

地下鉄の最大のメリットであり、路線バスのデメリットとなるのは、主要道路の交通渋滞だ。

東大路通をはじめ、北、西ともに大路沿いは名所が密集し、当然そこを訪れる人も多いことから渋滞は避けられない。何台ものバスが連なり、身動きが取れないまま、時間だけが過ぎてゆく。春秋の観光シーズンには連日繰り返される光景だ。

そこへいくと地下鉄は渋滞知らず。トップシーズンであっても定時運行されるし、東京の鉄道に比べれば、車内の混雑度など大した苦痛にはならない。

そこで結論。**観光シーズンには、できるかぎり地下鉄を利用し、オフシーズンにはバスを活用する。**これが原則。しかしながら、**どちらか一方ではなく、両方を組み合わせて移動する、**というのが、京都の街なかを移動する際の、最も賢明な交通手段だと心得ておきたい。

スタート地点をJR京都駅として、いくつか例を挙げよう。

たとえば**「金閣寺」**地図D。地下鉄だけでは辿り着けないので市バスということになる。二〇五系統の時計回り方向。案内所では、〈西大路通〉と表示されている二〇五系統を奨められるはず。比較的本数も多い。バスが順調に動けば四十五分ほどで最寄りのバス停〈金閣寺道〉まで辿り着ける。同じ路線を走る、急行にあたる一〇一系統なら、数分は短縮されるが、渋滞にかかれば大差はない。

そこで地下鉄の出番。烏丸線で〈北大路駅〉までが十三分。これは確実。そこから市バス二〇五系統の反時計回り、〈西大路通〉と表示されたバスに乗れば、〈金閣寺道〉までおよそ十分。合わせて乗車時間は二十三分。待ち時間、乗り換え時間を含めても三十分あれば着ける計算だ。無論これは計算上のことであって、誤差は出るが、少なくともバスだけで移動するよりは早いはずだ。

もう一例。**祇園祭の舞台として知られる「八坂神社」**地図Bまでならどうか。

市バスなら二〇六系統の反時計回り循環バス。通常なら二十分ほど。急行にあたる一〇〇、もしくは一一〇系統なら三分ほど短縮できる。ただし春秋のトップシーズンになると、とてもじゃないが定時運行は難しい。三十分ならまだましなほうで、一時間近くかかることも珍しくない。東大路通の渋滞は京都市内で最も激しいのである。

地下鉄烏丸線で〈四条駅〉。そこから阪急電鉄に乗り換えて、ひと駅。どちらも地下を走るから渋滞知らず。〈河原町駅〉で地上に出て、四条通を東へ七百メートルも歩けば「八坂神社」だ。うまくいけば二十分とかからない。

観光シーズンは地下鉄優先。オフシーズンは路線バス優先。

「金閣寺」「八坂神社」までの上手な行き方

【金閣寺】

JR京都駅→地下鉄烏丸線で【①北大路駅】（十三分）→【②市バス二〇五系統の反時計回り〈西大路通〉】と表示されたバスに乗車→【③金閣寺道（バス停名）】下車（十分）。合わせて二十三分。待ち時間、乗り換え時間を含めても三十分ほど。

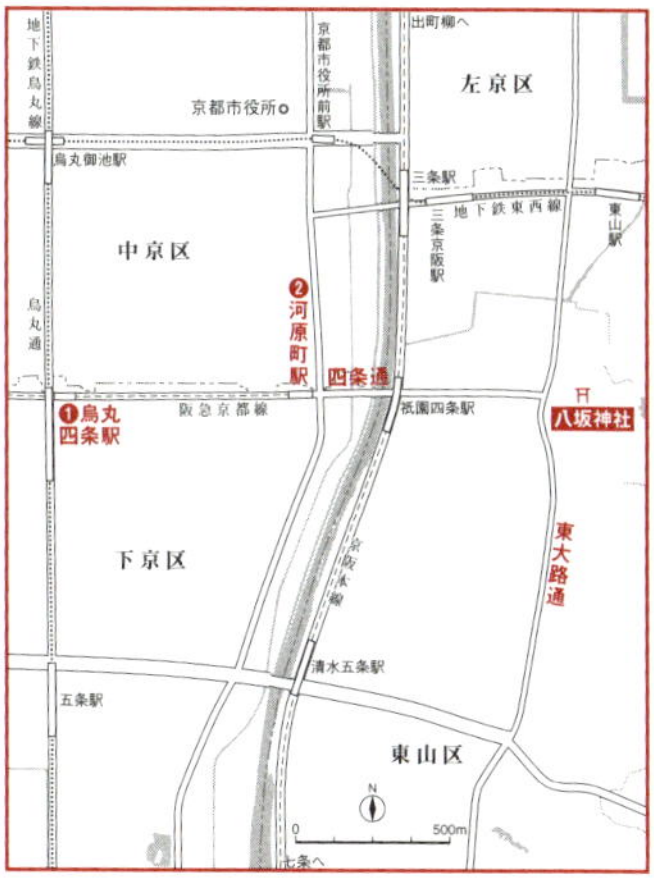

【八坂神社】

JR京都駅→地下鉄烏丸線で【①四条駅】→阪急電鉄に乗り換えてひと駅【②河原町駅】→地上に出て四条通を東へ七百メートルも歩けば「八坂神社」。所要時間二十分ほど。

03

街を散策するなら——「徒歩」「自転車」どっち？

主な移動は地下鉄か路線バス。では細かな移動は、徒歩がいいか、それとも自転車か。街なかをゆっくり散策する手段は、足か自転車か。

結論を先に言うなら、圧倒的に徒歩。よほどの長い距離移動でなければ、歩いて回ることを強くお奨めする。

その理由はいくつかあるが、最大の理由は駐輪スペースの少なさである。レンタサイクルを借りたとして、神社仏閣で、あるいはレストランで、いざ停めようとして訊ねても、たいてい色よい返事は返ってこない。お寺や神社は駐車スペースを確保していても、駐輪場を設置しているところは、そう多くない。〈境内駐輪禁止〉という立札はあっても、安心して自転車を停めおく場所は確保されていない。

街なかになると更に自転車は不利になる。たとえば京都のメインストリートともいえる四条通などは、日中は自転車の通行が禁止されている。つまりは押して歩かなければならないわけで、自転車は余計なお荷物になってしまう。

ふたつ目の理由として、市内の高低差を挙げたい。

平たく見えてはいるが、京都の街は北から南へと緩やかに傾斜している。三方を山に囲まれた盆地ゆえ、山に近いほうの標高が高く、離れてゆくと土地が低くなってゆく。

市街地の北の端ともいえる北大路通あたりと、洛南「東寺」の五重塔のてっぺんの高さがほぼ同じだというから、その高低差は六十メートル近くある。

自転車に乗れば、それは容易に実感できる。北から南への移動は下り坂だから楽なのだが、南から北へは上り坂になるので、かなりきつい。

子どもの頃からずっと、北大路近辺に住んでいるので、目的地が南にあることが多い。行きはよいが、帰りはつらい。ペダルの重さに何度苦しんだことか。

基本的に京都散策には自転車は不向きだと思うが、少しばかりの例外はある。

ひとつは**「京都御苑」**地図Cの中である。

「京都御所」を囲むように広がる庭園は、京都市民憩いの場であり、広い御苑内を移動するには自転車が恰好の手段となる。付近にいくつかレンタサイクル屋さんがあるので、そこで調達して御苑内を走りまわる。

広い砂利道は走り辛いが、けもの道ならぬ〈自転車道〉が自然にできている。何台もの自転車が通ることで、砂利が撥ね除けられ、自転車のタイヤ幅のわだちができている。そこを通ると楽に走れるというわけだ。

ふたつ目は**嵯峨野散策**。

嵐山を訪れた観光客は、多くが嵯峨野まで足を延ばす。だが、ひと口に嵯峨野といっても、そのエリアはかなり広い。無論いくらかの高低差はあるが、上ったり下ったりの繰り返しなので、さほど苦にはならない。

緑鮮やかな竹林、小《お》倉《ぐら》山《やま》のふもとの鄙《ひな》びた里、ひっそりと佇《たたず》む古刹。自転車ならではの嵯峨野めぐりを愉しみたい。

さて徒歩。どこを歩くか。言ってしまえば、京都の街なかはどこを歩いても愉しい。

愉しい上に、新たな発見がいくつもある。京都に生まれ育って六十有余年経った僕とて、少し歩くだけで初めて見つけるものがある。

先に挙げた「京都御苑」や嵯峨野は、自転車でもいいが、無論のこと歩いてもいい。他には鴨川堤も車が通らないぶん、のんびりと散策できる。歩こうと思えば、いくらでも散策路を見つけることができる。

中で一番のお奨めとなると、**西陣界隈**だろうか。**起点は地下鉄烏丸線の今出川駅。ここから西へ向かって歩く。どこをどう歩いてもいい。大切なポイントはただひとつ。広い通りではなく、細道を辿ること。**スマホの地図と方位磁石さえあれば、多少道に迷ったとしても、何ほどの問題もない。町家の佇まい、知られざる寺社、都人が集う店。ガイドブックに載らない京都は歩いて見つける。

基本は、圧倒的に徒歩がお奨め。「京都御苑」「嵯峨野散策」は自転車が◎。

嵯峨野、緑鮮やかな朝の竹林。

04

観るべき祭りは——「葵《あおい》祭」「祇園祭」どっち？

答えることが、とても難しい質問であるとともに、とても良い問いかけである。

京都には〈三大祭〉と呼ばれるものがあって、それはこのふたつともうひとつ、〈時代祭〉である。その〈時代祭〉を除外して、ふたつの祭りのうちのどちらか、というのは実に正しい。

「葵祭」地図Aは、正式には「賀茂祭」と呼ばれ、「賀茂御《み》祖《おや》神社（下鴨神社）」と「賀茂別《わけ》雷《いかずち》神社（上賀茂神社）」において、五月十五日に行われる例祭のこと。祭りの起源は古く、千数百年近く前にさかのぼるという。

平安時代には〈祭り〉といえば、この「賀茂祭」を指したというほど、京都を代表する歴史的な祭りである。何しろ、かの**『源氏物語』にもこの「葵祭」の行列の最中**

にいさかいが起こったことが記されているほどだから。

「祇園祭」地図B は「八坂神社」の祭礼で、明治のころまでは〈御霊会《ごりょうえ》〉と呼ばれていたように、疫神や死者の怨霊などを鎮めるために行われる祭りで、疫病退散などが主な目的だった。その起源は千二百年近く前にさかのぼると言われ、「葵祭」には及ばないものの、千年を超える歴史を誇る祭りである。

それに比して、「時代祭」は、建都千百年を記念して建立された「平安神宮」の祭礼ではあるが、あくまで記念事業として始められたもので、先のふたつの祭りとは、大きく意味合いが異なり、かつ歴史も浅い。

大政奉還がなされ、都が京から離れたことは、相当ショックなできごとだったとみえ、なんとかして、都人に誇りを取り戻させようとして、様々な計画が実行に移され、「時代祭」もそのひとつだった。

さて本論に入り、結論を先に言えば、ふたつのうち、**観るべきは「祇園祭」だ。**

その理由のひとつに祭りの期間がある。

「葵祭」はただ一日だけの祭りであるのに対し、「祇園祭」は七月いっぱい、一か月もの長きにわたって行われるからである。

とは言え、「葵祭」にも五月十五日の当日に先駆けて、いくつもの儀式や祭礼が行われ、正確には一日だけとは言えないかもしれないが、「祇園祭」のような民衆が参加しての祭礼ではなく、見物という言葉はふさわしくない、儀礼的なもの。

ふたつ目の理由はまさにそこにある。

「葵祭」は平安貴族が中心となって行われた祭りであるのに対して、「祇園祭」は民衆の力が結集して行われてきた祭りゆえ、ただ行列を眺めるだけの祭りではなく、人々の祈りが、観る者の胸に迫ってくる。

もしも**五月十五日に京都へ来る機会を得たなら、「葵祭」の祭礼行列だけは見ておきたい。**長い時間をかけて行われるので、午前、もしくは午後のいずれかに絞りたい。**午前なら「京都御苑」から出発するところを。午後であれば、「下鴨神社」から「上賀茂神社」へと向かう列を見物したい。**

どこで観るのがいいかと言えば、**加茂街道**地図Aを強くお奨めする。北大路橋から北山大橋の辺りが最も風情を感じられ、平安の雅《みやび》を間近にすることができる。

一方で「祇園祭」は、いつ、何を観るか、から考えねばならない。

多くの方々のイメージだと、七月十七日の〈山鉾《やまほこ》巡行〉とその前夜に行われる〈宵山〉を「祇園祭」と重ねることだろうが、**是非観ておきたいのは〈神輿渡御〉**である。

そもそも「祇園祭」は、疫病神を鎮め退散させるために行われ、その役割を果たすのが、素戔嗚尊《すさのおのみこと》、櫛稲田姫命《くしいなだひめのみこと》、八柱御子神《やはしらのみこがみ》の三柱で、祀られた神輿に乗って、街なかを訪ねる〈神輿渡御〉こそが、祭りの主体なのである。つまりは、〈山鉾巡行〉は、その露払いとして行われるので、言葉を換えれば前座ともとれる行事。

神輿が街に出向く〈神幸祭〉、一週間のち、「八坂神社」へ戻る〈還幸祭〉のいずれかを観れば、きっとその勇壮さに、「祇園祭」のイメージが変わるだろう。

とりわけ〈神幸祭〉に行われる〈三社揃い踏み〉。「八坂神社」西門前で、三つの神輿が高々と担ぎ上げられ、右回りに回されるさまは圧巻である。

見るべきは「祇園祭」。「葵祭」なら祭礼行列を必ず見るべし。

「葵祭」の祭礼行列。五月十五日に京都へ来る機会を得たなら、ぜひ見ておきたい。

05

京都歩きの目印は――「住所番地」「通り名」どっち？

京都の街なかを歩こうとして、まずは地図が必要だ。紙の地図よりも、最近はスマホやタブレットの地図を利用することも多く、ディスプレイを見ながら歩く人をしばしば見かけるが、ときには危険を伴うことがあるので控えたいところ。京都の多くの通りは道幅が狭く、車や自転車と共用する道がほとんどなので、特に留意したい。

先に書いたように、東大路、北大路、西大路、そして九条。四つの大路で囲まれた、いわゆる京の街なかは、ほぼ碁盤の目に整備されているので、大きく外れて道に迷うことはない。

そして、**街歩きに最も大事なことは、方位と通りの名前。**

京都の街なかを歩くのに、住所番地はほとんど役に立たないと心得る。

たとえば、京都で最もすぐれた旅館を訪ねようとして、道行く人に、〈中京《なかぎょう》区中《なか》白山《はくさん》町二七八番地〉と告げて訊ねても、おそらく誰も、それがどこのことを指すのか分からないだろうと思う。それはタクシーの運転手も同じ。

だがそれを、〈麩《ふ》屋《や》町《ちょう》通、姉小路《あねやこうじ》上《あが》る〉と言い換えれば、タクシーの運転手はもちろん、地元京都人なら小学生でも、その場所への辿り方を教えてくれるはず。

日本広しといえど、これほどに通りの名前が浸透し、役立っているのは京都をおいて、他にはないだろうと思う。

それを象徴するのが、通りの名前を覚えるためのわらべ歌。

―丸《まる》竹《たけ》夷《えびす》二《に》押《おし》御《お》池《いけ》　姉《あね》三《さん》六《ろっ》角《かく》蛸《たこ》錦《にしき》　四《し》綾《あや》仏《ぶっ》高《たか》松《まつ》万《まん》五《ご》条《じょう》―

京都に住む子どもたちは、誰もが、物心ついたころから、この歌を口ずさむようになる。それは親から教わることもあれば、友だちどうしで自然と覚えることもある。

京都市内の中心地を通る、東西の通りを北から順に辿る歌。それは丸太町通から始まり、竹屋町通、夷川《えびすがわ》通、二条通へと続き、五条通で終わる。これはしかし、子どもにも必要と思われる、最低限の中心部に限られた部分で、本来は、この後も続く。

―雪駄ちゃらちゃら魚の棚　六条三哲通りすぎ　七条越えれば八九条　十条東寺でとどめさす―

雪駄屋町通、鍵屋町通、魚棚通と続き、最後は東寺道で終わる。

子どもたち同様、京都を訪れる旅人も、丸太町から五条くらいまでを覚えておけば、街歩きには充分。諳《そら》んじると愉しい。

ここでひとつの疑問が生まれる。それは、なぜ南北の道を覚えるためのわらべ歌がないのか、だ。

実は南北の道を覚える歌もあるのだ。あるにはあるが、ほとんど普及しておらず、京都人でもこれを歌える人はほとんどいない。

―寺御幸　麩屋富柳　堺高間　東車屋町―

節が付きにくいのである。抑揚を付けて歌えないのである。普及しないのも当然かと思われる。

更に言うならば、東西の通りほどの必要性を感じなかったことも、その理由のひとつではないかと推測している。中心部の東西幅はさほど広くなく、かつ、東山と西山を見上げれば、おおよその位置が推しはかれ、細かな通りを覚えずとも、街歩きには不自由しなかったから、南北の通りの名を覚える歌が普及しなかったのだと思う。

通り名とともに覚えておきたい、京都歩きに役立つ言葉。それはわずかに四つ。

上《あが》る、下《さが》る、東入《ひがしい》る、西入《にしい》る。

京都は南北にかなりの高低差があり、それゆえ、北に行くことを上る、南に行くことを下ると言う。東西はその言葉のとおり。

四条烏丸（四条通と烏丸通の交わる場所）上る。四条烏丸西入る。これだけで場所が特定できるのだから分かりやすいことこの上ない。

何丁目何番地なんていう表現は覚えずともいいし、そもそもそういう表記はほとんどない。**南北、東西の通りの名前、上る下る、東入る西入る、という言い方さえ覚えておけば、京の街なかは不自由なく歩ける。**


「住所番地」ではタクシーも着けない。「通り名」を伝えるべし。

06

道の風情を愉しむなら——「小路《こうじ》」「路地」どっち？

いく筋かを除いて、京都の通りは、たいていが細道だ。何度も書いているとおり、東大路、北大路、西大路など、メインとなる通りこそ広いものの、それ以外はおおむね狭く、車一台通るのがやっと、という細道や、自転車ですら通れないような道まで、縦横無尽に京の街なかを走っている。

狭い通りの呼び方にはいくつかがあって、厳格ではないものの一定の決まりがある。

漠然と狭い通りは小路と呼ばれ、それらはしかし、ただのイメージでしかなく、通りの幅も様々なら、その有りようも大きく異なる。

たとえば祇園町にある花見小路地図Cなどは、けっして細道とは言えない広さを持ち、この通りの西側に位置する大和大路より広い箇所もあるくらいだ。

一方で、四条河原町の北西にある柳小路地図Cなどは、人ひとり歩くのがやっと、という細道である。

同じ小路と名が付いていても、ずいぶんとその風情は異なる。

花見小路は道筋も整備され、**「一力茶屋」**地図Bの弁柄壁の眺めもあって、観光客にはすこぶる人気があり、舞妓が行き交う機会が多いせいもあって、とりわけ外国人の姿が目に付く。あとは舞妓姿をカメラにおさめようとする、カメラ小僧やカメラオヤジたち。外国語が飛び交い、首からカメラをさげ、走って舞妓を追いかける姿がひんぱんに見られる小路に、風情を感じ取るのは難しい。

それに比べて**柳小路**。その名のとおり、狭い道には柳が植わり、石畳の細道が続いている。小路の中ほどには小さな祠《ほこら》があり、狸を祀っている。町家造りの飲食店も両側に並び、夜ともなれば店の灯りが小路を照らし、静かな情趣を湛えている。

歴史をたどれば花見小路のほうがはるかに古いのだが、行き過ぎた観光地化によって、情緒が失われてしまったのは、なんとも寂しい限り。

小路と名が付く道筋は他にも、姉小路、西小路などがあるものの、それらに格別の風情があるかといえば、否と言わざるを得ない。それは錦小路も同じであり、そのことはまた項を改めて書くこととする。

そして、小路より更に狭くなると路地という呼称に変わる。京言葉では〈ろーじ〉と発音する。その路地はしかし、正しく言えば、袋小路になったものだけを言い、通り抜けできる道は路地とは呼ばないことになっている。

では通り抜けできる道はどう呼ぶかといえば、辻子。〈ずし〉と読む。

洛中のあちこちに、この辻子があり、名もなき辻子もあれば、名前が付いて親しまれているところもある。

路地と辻子。どっちも愉しいが、そこに住まう人にとってはプライベートな空間だということを、けっして忘れないでほしい。風情ある路地を見つけたからといって、ずかずかと入り込んで、写真を撮ったりすることは、厳に慎むべきこと。

路地で人気は、宮川町近くの「あじき路地」。地図B若いクリエーターたちが工房やショップを構え、路地に新たな息吹を吹き込んでいる。

西陣にある**「三上家路地」**も、古き良き路地の佇まいを今に残していて、その中ほどにある**蜂蜜専門店「ドラート」**地図A も覗いてみたい。

名の知れた辻子も、洛中に点在していて、是非足を踏み入れてみたい。

辻子は路地と違って、通り抜けられることから、プライバシーへの配慮はいくらか緩やかだ。飲食店をはじめとして、オープンな店も少なくない。そんな辻子に入り込んで、しばし京都人気分を味わうのもいい。


〈ビストロ辻子〉との異名をとる〈撞木辻子〉地図C がその代表格。

四条室町から西へ。ビルとビルの間に挟まれた細道は、北へと延び、更に西へと枝分かれする細道があり、その形が、寺方で鐘を撞く道具に似ていることから〈撞《しゅ》木《もく》辻子〉と名付けられた。うどん屋、ラーメン屋、バル、居酒屋が点在し、昼夜を問わず賑わいを見せることで、ビストロと冠される辻子になった。愉しい道筋である。


小路なら「柳小路」、路地なら「あじき路地」がお奨め。

柳小路の夜。店の灯りが小路を照らし静かな情趣をたたえる。

07

宿泊するなら「旅館」「ホテル」どっち？

京都に泊まる。多くの旅人が憧れるところだが、現実となるとなかなか厳しい。とりわけ近年は、おびただしい数の外国人観光客が訪れることから、京都は慢性的な宿不足に陥っている。

オンシーズンには、旅館がいいか、ホテルがいいか、そんな選択をする余裕もないばかりか、カプセルホテルですらキャンセル待ちになることも少なくない。

本題に戻って、旅館かホテルか。**先に答えを出してしまえば、ホテルに限る**、ということになる。

京都と日本旅館。これほどピタリとはまる取り合わせもないだろうが、実際に泊まってみると、それがはたして最良の選択だったかと迷う客も多い。

そのひとつの理由に、食事の問題がある。

ホテルと違って、日本旅館というものは、基本的に朝夕の食事が付いている。朝はともかくとして、夜にお目当ての店があると、この夕食が障害になってしまう。旅館によっては、夕食抜きを希望すればそれを叶えてくれるところもあるが、逆説的に言えば、日本旅館に泊まる魅力を半減させてしまうことにもなる。

ここが実に悩ましいところであって、せっかく日本旅館に泊まったなら、朝も夜も部屋に居ながらにして、選りすぐりの日本料理をのんびりと味わえる時間を愉しみたい。しかしそれではお目当ての料理屋さんへ行くことができない。

結論として、京都で日本旅館に泊まるのであればその宿にすべてを委ね、他のあれこれは切り捨てる覚悟を持ちたい。**京都を旅するために泊まるのではなく、その旅館に泊まるために京都を訪ねる。それくらいの気合でなければ旅館に泊まる意味はない。**

しかしながら、それだけの価値を持つ日本旅館がたくさんあるかと言えば、残念ながら答えはノーである。自信を持ってお奨めできるのはわずかに二軒。**「俵屋旅館」**地図C と洛北花脊《はなせ》にある「美山荘《みやまそう》」。

「俵屋旅館」は常々僕が日本一だと断じている日本旅館で、その佇まいから、朝夕の料理から、もてなしの姿勢から、すべてが他を圧倒していて、**ここに泊まれば、日本文化がなぜ優れているかを実感できる。**僕が京都に住まいながら、幾度となくここに泊まり、食事をしていることが、何よりその素晴らしさを証明している。

「美山荘」は、まずそのロケーションの素晴らしさがあり、そしてその場所でなければ味わえない魅力に満ち溢れていて、ある意味で、**今の京都が失ってしまった鄙の雅を色濃く残しているところ**に大きな価値がある。

ここに泊まると、京都は山国にある鄙の里だということを、改めて認識させられる。この宿の摘草《つみくさ》料理から派生した料理店が、予約の取れない人気店であることも、その証左である。

他にも名の知れた日本旅館が、京都には何軒もあるが、他を犠牲にしてまで泊まるべきかどうか、となるといささか心もとない。それならホテルのほうがいい。

では、どんなホテルがいいか。まずもってアクセスの良さを第一としたい。

京都の街をあちこち見て回るためには、ホテルが交通の要衝になければならない。たとえばＪＲ京都駅周辺。ここでのお奨めは地図E**「ダイワロイネットホテル京都八条口」**。新幹線のホームから見えるほどの近さで、部屋からの眺めもよく、何より優れたホスピタリティに、旅人の心は芯から癒される。

あるいは四条烏丸。地下鉄烏丸線、阪急京都線が交わり、移動がスムーズ。ここでのお奨めは地図C**「からすま京都ホテル」**。地下鉄の出入口に近く、傘要らずで移動できるのもありがたい。

どちらもリーズナブルな宿泊料金に比して、部屋も狭くなく、極めて居心地がいい。ただトップシーズンは予約が取りづらく、その場合は大阪に泊まるという裏技をお奨めしたい。一番のお奨めは京阪本線の守口市駅前に建つ**「ホテル・アゴーラ大阪守口」**。僕の定宿である。京都観光には最適のアクセスで、かつ京都にもない美食を備えたホテルなので、京都と大阪の両方を愉しむにはベストだと思う。

宿泊するなら圧倒的にホテルがお奨め。

08

「本願寺」に参拝するなら――「東本願寺」「西本願寺」どっち？

京都には、東西ふたつの**「本願寺」**があり、どちらも京都駅から近く、参拝しやすい場所に建っている。

なぜ東と西に分かれたかと言えば、そこには戦国武将たちの権力争いが深く関わっていて、寺方はただ翻弄されたに過ぎない。

そもそも「本願寺」は親鸞《しんらん》聖人の入滅に端を発し、東山の大谷にその廟堂が建てられたことから始まる。その後、焼失、再建、移転を何度も繰り返し、やがて山科《やましな》から大阪へと移転したことが、東西分立の火種となった。

天下統一を目論む織田信長は、広大な「本願寺」に目を付け、明け渡すように要求する。これを拒む寺方との交戦は十年もの長きに渡り、のちに〈石山合戦〉と呼ばれるに至った。
十年の後、ようやく和睦し、明け渡されたものの、寺方の籠城派と和睦派の間の火種は燻《くすぶ》り続けた。「本願寺」が京都へ移転したのち、宗主の後継争いを経て前者が**「東本願寺」**地図Cを建立、元の本願寺は**「西本願寺」**地図Cとなった。

簡単に言えば、秀吉の意向を受け、先に建立されたのが「西本願寺」で、後になって徳川家康の後押しで建立されたのが「東本願寺」という図式である。

という簡単な歴史を踏まえた上で、今あるふたつの寺を比べてみる。

宗教にはうといので、仏教学的にどちらがどう、とかいうことはまったく分からない。したがって、見たまま、感じたままでの比較になることを最初にお断りしておく。

ひとつたしかな事実がある。それは**「西本願寺」は世界文化遺産に登録されているが、「東本願寺」はそうではない**こと。もちろん世界遺産でなくても見どころのある寺社はいくらでもあるのだが、ひとつの目安にはなる。

というわけで、ふたつの「本願寺」のどちらかひとつ、となれば「西本願寺」というのが僕の答えだ。

ＪＲ京都駅の西北方向。烏丸中央口から十五分ほども歩けば、広々とした境内に足を踏み入れることができる。

〈御影堂門〉から入って、正面に見えるのが〈御影堂〉。平成の大修復を終えて、その堂々たる姿を見せている。まずは手水舎《ちょうずや》で清め、京都市の天然記念物に指定されている〈逆さイチョウ〉を眺めてから〈御影堂《ごえいどう》〉へ。

外から見ても、堂内に入っても、その巨大な木造建築に圧倒される。南北六十二メートル、東西四十八メートルにも及ぶ、日本最大級の木造建築は、奈良「東大寺」の大仏殿に次ぐ規模を誇っている。

広い堂内を観るだけでも時間があっという間に過ぎる。廊下でつながる〈阿弥陀堂〉へと向かう。

ふたつの広いお堂を結ぶように囲む廊下。実はここにも小さな見どころがある。それは廊下を修繕する際にはめ込まれた埋め木。

足元をよく見ると、富士山、瓢箪《ひょうたん》、梅の花、茄子などなど、大工の遊び心が生み出した細工が廊下のあちこちに点在していて、これを探すのも愉しい。

足元をよく見てみたいのは、〈御影堂〉前にある〈用水枡〉も同じ。四隅の土台を天邪鬼《あまのじゃく》が必死で支えている。そのユーモラスな表情は、それぞれ異なり、ふたつの〈用水枡〉に八つの天邪鬼が居る。

もうひとつ。「西本願寺」で忘れてならないのは、寺の南西側にある〈唐門〉。境内の中からでも、外の北小路通からでも、つぶさに見られる。

唐破風《からはふ》の門は、伏見城から移築されたもので、別名を〈日暮らし門〉という。日がな一日見ていても見飽きることがなく、すぐに日が暮れてしまうという意。

門の内外に施された彩色、装飾は実に見事なもので、故事来歴に基づく物語の一場面だったりして、たしかに見飽きない。

他にもまだ見どころがあり、できれば事前に申し込んでおき、〈飛雲閣〉や〈書院〉なども拝観したい。

「西本願寺」が正解。事前予約で、〈飛雲閣〉や〈書院〉も拝観すべし。

09

京都で麺を食べるなら――「うどん」「蕎麦」どっち?

ランチタイムのみならず、ちょっと小腹がすいたときなど、手軽に食べられる麺類の店は、京都でもたくさんあり、京都ならではの味わいを特徴とする。

それらはしかし、京都という地名を冠することなく、しかしどれもが京都らしいという不思議な側面を持っている。

逆に言えば、信州蕎麦や讃岐うどん、博多ラーメンなどのように、地名をアピールする必要がないからだとも言える。

たとえば京都のうどん。讃岐うどんのようなコシはまったくなく、歯ぐきで噛みきれてしまうほどのやわらかい麺を特徴としているが、それを〈京うどん〉と呼んだりはしない。

ラーメンも同じくである。背脂をたっぷり浮かせた醤油とんこつ系の濃厚ラーメンは京都独特のものだが、同じく〈京ラーメン〉とは呼ばない。なぜかと言えば、麺類全般、京都のそれはバリエーションが豊富だからで、名物をひとつに絞りこめないからだろうと思う。

京都の麺類の大きな特徴は、麺ではなく出汁《だし》が主役だということ。うどんも蕎麦も、とてもやわらかく、茹ですぎではないかと思われるほど。**〈京の腰抜けうどん〉**などと呼ぶ。

うどんにせよ、蕎麦にせよ、出汁を麺の芯まで染み込ませてこそ、京都らしい味わいが生まれる。麺が固いと出汁がうまく馴染まない。

蕎麦にも**〈にしん蕎麦〉**という、京名物と呼ばれるものもあるが、どちらかと言えば、うどんに軍配が上がる。京都で食べるなら、蕎麦よりうどんというのが僕の答え。

では、どんなうどんがいいか。まずはあたたかいうどんを選びたい。真夏の昼下がり、たとえ猛暑に包まれても、ざるうどんより、あたたかいうどんを選ぶのが京都人。

一番のお奨めは餡《あん》かけ系。〈のっぺい〉〈たぬき〉〈けいらん〉など、料理名の不思議を含めて、一度は味わってほしい、京都ならではのうどんだ。

〈のっぺい〉とは〈しっぽく〉の餡かけのことで、かまぼこ、板麩《いたふ》、椎茸の煮付け、三つ葉などが載ったうどんを〈しっぽく〉と言い、関東なら〈おかめ〉になるだろうか。

〈たぬき〉は〈きつね〉の餡かけ。関東だと揚げ玉を具にしたものを、大阪では〈きつね〉の蕎麦バージョンを〈たぬき〉と呼ぶが、京都では〈きつね〉の餡かけを言う。

〈けいらん〉はその名のとおり、たまごとじうどんの餡かけ。どれも、餡かけには必ずおろし生姜《しょうが》が薬味として天盛りされている。

何も具がない**〈あんかけ〉**も含めて、京都人は餡かけうどんが大の好物で、ひとつには京の底冷えも大きく関わっている。

餡かけにすることで、出汁が冷めにくくなり、冬場でも熱々で食べられる。加えてそこにおろし生姜をくわえることで、食べた後も身体の芯から温まる。冬場の底冷えをこれで乗り切るのが京都人。

しかし暑い夏でも餡かけ系に人気が集まるのは、その濃厚な餡の出汁ゆえのこと。京都においては麺より出汁が主役だと言ったが、それをもう一歩進めて、出汁を飲む、のではなく、出汁を食べる、のが餡かけうどんなのだ。

特別有名な店でなくても、口コミサイトで人気の店でなくても、京都の街なかにあるうどん屋なら、どこで食べても美味しい餡かけうどんにありつけるが、一番のお奨めは、**京都駅近くにある「殿田」**地図E**。ここの〈たぬき〉は本当に美味しい。**ほぼ年中無休の店なのに、うどんを作るのはオバアチャンひとり。まさに孤軍奮闘の趣きで作られたうどんがまずいわけがない。

四条烏丸界隈なら、撞木辻子に暖簾《のれん》を上げる「めん房やまもと」地図C**。**ここならカレーうどんがお奨め。

コシの弱いうどんと、とろみのついたカレー出汁の相性はすこぶる佳《よ》く、これが京都のうどんだ、と自信を持ってお奨めできる。

京都に来たら腰抜けうどん。是非とも覚えておいていただきたい。

猛暑に包まれても、あたたかいうどんを。一番のお奨めは餡かけ系。

10

京料理を食べるなら――「割烹《かっぽう》」「料亭」どっち？

難題である。それぞれに佳さがあり、どちらかを選ぶことなどできない。

と言いつつも、やはり答えは出さねばならない。

そもそも料亭と割烹とはどこがどう違うのか。その話から始めよう。

京都に限らず、日本料理を出す店は元々、料亭スタイルだった。というより、割烹という店形態は、日本固有のものであり、海外には存在しないスタイルだ。

割烹の〈割〉という字は包丁で切ることを表し、〈烹〉は火を使って煮炊きする調理法を言う。簡単に言えば料理そのもので、割烹店はそのさまを見せるスタイル。割烹を代表する板前割烹とは、客の目の前で料理をし、そのまま供する店のこと。

今からおよそ百年ほども前、**「浜作」**という店の主人である森川栄が、大阪で始めたのを嚆矢《こうし》としている。

カウンター板一枚を挟んで、主人と客が対峙し、魚をさばき調理する様を間近に見せた。その即興性、ダイナミズムが評判を呼び、その人気が関西一円、やがては関東にまで広がっていった。〈お好み料理〉という言葉が生まれ、割烹店は、客が調理法をリクエストし、主人がそれに応えるという料理を売り物にし、コース料理専門の料亭と一線を画し、食通たちの人気を集めた。

京都という街では、料亭文化が熟成し、名だたる料亭が洛中のあちこちに点在し、京都ですぐれた日本料理を食べるなら、料亭に限ると長く言われてきた。ただ料理を食べるだけでなく、床の間の設《しつら》えや季節の移ろいを感じさせる趣向をも含めての食事は、京都ならではのものであり、その人気は根強いものがある。

近年になってしかし、にわかに割烹ブームが起こり、今もその流れは続いていて、予約の取れない割烹が続出している。

それら最近の人気割烹の特徴に〈おまかせ料理〉というスタイルがある。

本来、割烹というものは即興性が売り物ゆえ、アラカルト料理を供するのが正しい姿なのだが、人気割烹のほとんどが〈おまかせ料理〉と称して、コース料理のみを供し、しかもカウンターに居並ぶ客が揃って、同じ時間に食事を始めるという、〈一斉スタートおまかせ料理〉専門となっている。

つまりは、割烹という店の造りを取りながら、料理は料亭スタイルという不思議な形態になっているのだが、この手の店に人気が集まるのには、ひとつのわけがある。

それは、店の主人も客も経験不足だということ。

その場で客のリクエストに応えるためには、長い経験からしか生まれない技量が必要だが、数年にも満たない修業で、若くして店を開く主人にそれを求めるのは難しい。片や客の側は、と言えば、こちらも同じくで、経験値が足りないと、食材を前にして、どういう料理を所望すればいいかが分からない。料理の流れもしかり。どういう順番で、何をどう頼めばいいか、を体得するにはそれなりの経験が必要なのだ。

最近の人気割烹は、さながら〈観る料理教室〉。主人が先生となり、客が生徒となって、調理の様子を観ながら、できあがった料理を食べる。これなら初心者でも安心。一斉スタートだから、分からなければ、隣の客の真似をすればいい。恥をかくこともない。

ひとつの答え。**日本料理の知識と経験が乏しい向きには、今流行の人気割烹をお奨めする。**ただし何か月も前から予約しなければならないことだけは覚悟すべし。

それを厭《いと》い、かつ少しは日本料理の何たるかを分かっているなら、アラカルトで食べられる割烹を強く奨めたい。たとえば、**京都駅八条口近くの「燕」**地図E**、**もしくは**四条烏丸近くの「和食晴ル」**地図C**。**どちらも気軽に、適価で美味しい料理が食べられる、気鋭の割烹。

少し改まって料亭をとなれば「祇園丸山」地図B**がいい。あるいはもう少し気楽に料亭気分を味わうなら「下鴨茶寮」**地図A**をお奨めする。**いくらかは日本文化を嗜《たしな》んでいないと、愉しみは半減することをあらかじめご承知おきいただきたい。

日本料理の知識と経験が乏しい人は人気割烹がお奨め。

11
旬のものが美味しいのは——「夏」「冬」どっち？

つまりは、京都で美味しいものを食べようとして、夏がいいか、冬がいいか、という質問だろうと思うが、これもまた難問だ。

夏には夏の、冬には冬の美味があり、どちらもそれを食べるためだけに、わざわざ京都を訪れてもきっと後悔しないだろうから。

しかしここに、大きな難題が立ちはだかる。夏と冬の京都の気候である。

冒頭にも記したように、三方を山で囲まれた盆地特有の気候は、夏も冬も厳しいことこの上ない。そのハンデを乗り越えてなお、京都を訪れるとなれば、よほどの美味が待ち受けていてくれないと困る。

夏と冬。どちらが旨いか。

まずは夏。これはもう鮎と鱧に決まっている。加えて夏の京野菜。夏の勝ち。あっさりと結論が出てしまう。

と、だがここで、ひとつの疑問がふつふつと湧いてくる。

無論、桂川をはじめとして、京都には鮎の名産地とおぼしき川があるが、どちらかと言えばそれは少数派であって、多くの鮎は遠来の川で獲れたもの。

鱧にいたっては、洛中で獲れるはずもなく、淡路や泉州、玄海、果ては韓国で獲れたものが割烹や料亭に届く。

すなわち、〈旬〉とは言うものの、それは産地における〈旬〉であって、京都の〈旬〉ではない。それでも、**京都の夏と言えば鮎と鱧。そう言われるのは、一番いいものが京都に集まるからだ。**日本中の川で獲れた鮎の中で、最上級と目されるものが京都の料亭や割烹に卸される。瀬戸内をはじめ、日本近海から韓国に至るまで、めぼしい鱧が揚がったら、すぐさま京都へと運ばれる。産地だけではなく、消費地においても、〈旬〉は存在するのだ。

鮎は様々に料理されるが、極めると塩焼き。若鮎を炭火で焼いて、頭からかぶりつく以上に旨い食べ方はない。断言しておく。その上で、問題は焼き方に加えて、その鮎の寸法である。

貴船《きぶね》の川床《かわどこ》あたりが発祥だと思うが、**大きな鮎に化粧塩と称して、ヒレや尾っぽに大量の塩をまぶして焼く店がある。しかし、これは避けたほうがいい。**焼き上がりの見た目を優先する鮎は、旨みが弱い。

頭や中骨を外さないと食べられないような大きい鮎は、原則的に大味で、旨みに乏しい。

焦げすぎではないかと思うほど頭が黒く焼けていて、その大きさが、親指と人差し指を広げた長さを超えない鮎の塩焼きなら旨いに決まっている。最近では口コミグルメサイトに料理写真が出ているので、参考にされたい。

それに比して、鱧はどう料理しても旨い。落としに梅肉を付けてさっぱりと、もいいし、椀種《わんだね》にもぴったりだし、付け焼きにしても旨い。最近の割烹では鱧フライが人気で、ウスターソースとも意外によく合う。**エアコンの効いた部屋で鱧しゃぶ、**という手もあり、これなどは今の時代だから享受できる美味。

では冬はどうか。

フグや蟹。これらも夏の鮎や鱧と同じく、京都府を産地とするものは少なく、多くは遠来の食材だが、京都に集まってくるのだからありがたい。

ただ、どちらも京都ならではの美味とは言いがたく、その調理法も、京都独特のものではない。もちろんまずいわけではないが、夏の鮎や鱧に比べると、料理人たちもいくらか控えめな口ぶりになる。

フグなら関門海峡を挟んでの中国九州。蟹は日本海。どちらも産地で食べるほうの人気が高い。ならば、わざわざ京都で食べなくても、となる。

京都が得意とする川魚の代表が鮎であり、骨切りのような職人技を生かせるのが鱧だとするなら、夏のほうが、冬よりも訪ね甲斐がある。そう結論付けても、どこからも異論や反論は出ないだろうと思う。

夏に京都へ行くなら、鮎と鱧は必ず味わうべし。

12

京都で中華を食べるなら——「餃子《ギョーザ》」「焼売《シューマイ》」どっち?

どっちも美味しい。そんな答えは許されないだろうが、そう言いたくなるほど、京都でどちらかひとつを選択するのは難しい。

ざっくり言えば、餃子は北京料理系で、焼売は広東料理系の流れを汲む料理だと言えるだろう。ただしどちらも日本流にアレンジが加えられ、本国のそれらとは趣きを異にしている。

餃子について言えば、本国では水餃子なのに対し、日本では圧倒的に焼餃子だ。宇都宮、浜松などが日本一の消費地を競っているが、数こそ及ばないものの、京都人の餃子好きは筋金入り。その象徴とも言えるのが**「餃子の王将」**。京都を発祥の地とするチェーン店。

昭和四十二年に創業し、その旨さと安さで急速に発展し、京都はおろか全国に店舗網を広げている。

古くは職人の、近くは学生の街として、京都には手軽に食べられて、空腹を癒す料理が育つ土壌があった。街場の中華屋、ラーメン屋のほとんどすべてが餃子をメニューに載せ、京都中に浸透していった。

その流れはやがて、夜の街にも及び、祇園に**「泉門天」**地図B という名の餃子専門店がオープンしたのは昭和六十二年のこと。「餃子の王将」が店を開いてから二十年が経っていた。

花街でも愛されるようにと、ニンニクを入れず、おちょぼ口でも食べられるひと口サイズにしたことで、酔客をはじめとして多くの人気を集めるようになる。紆余曲折を経て、今も店は健在で、縄手新橋の店で食べてもよし、テークアウトして土産にするもよし、だ。

「餃子の王将」で特にお奨めしたいのが、烏丸御池近くにオープンしたスタイリッシュな新店舗。地図C 黒を基調とした内外装は、これまでのイメージを一新し、ワインと一緒に愉しむ餃子を前面に打ち出していて、若いカップルをはじめ、既存の店舗とは明らかに異なる客層で賑わっている。

こうして、京都の餃子は様々にスタイルを変え、広く浸透してきたのだから、まずいわけがない。京都で餃子。一見ミスマッチに見えて、しかしその歴史をたどれば、すこぶる相性がいいのである。

一方で焼売はと言えば、これも京都ならではのスタイルを編み出し、京名物とも言えるほど、独特の焼売が存在している。

餃子やラーメンを売り物にする大衆中華料理店とは別の流れとして、広東料理店の隆盛も見逃せない歴史。

俗に〈京都中華〉と呼ばれるほど、特徴的な料理を出す広東料理店は、かつて京都の街なか、そこかしこにあった。「大三元」、「平安楼」、「鳳舞」などなど、惜しまれながら店仕舞いをした広東料理店は少なくない。

大衆店とは異なり、店の内外も落ち着いた装飾で、本場中国を彷彿させる店は花街の支持も集め、多くの食通たちが舌鼓を打った。

今もその流れを汲む店が何軒かあり、それらの店の品書きには、必ずと言っていいほど焼売が載せられていて、その味を競い合っている。

たとえば**河原町二条を上ったところにある「鳳泉」**地図C**。**先に挙げた「鳳舞」の料理がほぼすべて継承されている。焼きそばや焼飯も美味しいが、特にお奨めしたいのが焼売。古くは「大三元」がそうだったように、むっちりとした具を薄い皮で包んで蒸しあげた焼売は実に美味しい。大阪は「蓬《ほう》萊《らい》」のそれも、横浜の「崎陽軒」のそれも美味しいが、「鳳泉」の焼売はどこか京都的というか、味わいが淡いのだ。何よりの特徴は、具の中に中国クワイを刻んだものが入っていることで、このシャリッとした歯ごたえがアクセントになって、食べ飽きることがない。

餃子か焼売か。若い人には餃子を、年輩の方には焼売をお奨めしたい。もちろん両方食べても何の問題もないのではあるが。

餃子、焼売、両方美味。若い人には餃子、年輩の方には焼売がお奨め。

13

ひと休みするなら——「コーヒー」「日本茶」どっち？

京都のイメージからすれば、きっと日本茶ということになるに違いない。

洛南には、宇治というお茶の名産地が控えているし、ペットボトル入りの日本茶のコマーシャルは、京都を舞台にしたものがほとんどだ。同じ茶の名産地であっても、静岡が舞台になっているものは、ほとんど見かけない。それほどに、京都の街と日本茶はイメージが重なるのだろう。

日本茶という言葉を使うものの、基本的には茶葉は同じであって、その種子や苗木を中国から持ち帰り、喫茶の習慣を復活させたのが栄西禅師だと言われている。

栄西は、栂尾《とがのお》の明恵上人に茶の種を贈り、それが栂尾茶の始まりで、宇治茶は、この栂尾から移植されたことから始まったとも伝わっている。

名刹**「建仁寺」**地図B、Cを開いた栄西が茶祖と称される所以《ゆえん》である。「建仁寺」はまた京都で最も古い禅寺だと言われるが、**禅語に〈喫茶去《きっさこ》〉という言葉があるように、茶を喫することと、禅の修行とは切っても切れない関係にあり、そこから喫茶店という言葉が生まれた**のでもある。

禅寺から始まった、茶を喫する習慣は、やがて広く浸透してゆき、作法がそこに加わり、ついには茶道という形へと発展を遂げることになる。

コーヒーと日本茶の違いとして、この〈道〉の有る無しは大きいものがある。

ただ茶を飲むだけにとどまらず、その空間、季節、道具、設え、菓子にいたるまで、様々に工夫を凝らし、それを茶道という形に仕立て上げたのは千利休であり、その後継とされる茶道三千家はすべて京都に家を構えている。

ただしこれらは抹茶を点てて喫する場合に限られていて、煎茶道というものもあるにはあるが、通常、お茶を飲む際には作法は云々されない。のではあるが、日本茶はいくらか面倒な飲み物だというイメージはあり、それがペットボトルという安易な方向へ向かってしまったという弊害は否めない。

　急須を使って茶を淹れるという習慣は年々薄れゆくが、その美味しさを再認識するためにも、日本茶を商う店で一服の茶を喫してみたい。**寺町通に店を構える「一保堂茶舗」**地図C**には〈嘉木《かぼく》〉と名付けられた喫茶室があり、スタッフに淹れ方を教わりながら、一服の茶を愉しむことができる。**玉露、煎茶、番茶など、知っているようで、実はその違いをよく分かっていないものだ。選りすぐりの和菓子とともに、日本茶を自ら淹れて味わう。ひと休みしながら、日本茶の佳さを再認識するには恰好の店である。

　一方でコーヒーも意外なほど、京都の街に馴染んでいる。

　よく名の知れた店としては**「イノダコーヒ」**地図Cが挙げられる。

　京都市内はもちろん、今では全国に店舗を展開していて、三条堺町にある本店は、歌にも歌われるほどで、内外を問わず、京都を訪れる旅人が一度は足を運ぶという有名店である。

　ここで喫するコーヒーの最大の特徴は、何も言わなければ、最初からミルクや砂糖が入っていること。初めての客はたいてい面食らうが、こうした流儀を通すところは、いかにも京都らしい。

「イノダコーヒ」の他にも「前田珈琲」《地図C（地図、本店）》や「小川珈琲」《地図D（地図、本店）》など、市内のあちこちに店を構えるチェーン店もあり、独自の味わいで人気を競っている。

お奨めしたいコーヒー店のひとつに「六曜社」《地図C》がある。京都のメインストリートである河原町通に面していて、繁華街の只中にありながら、落ち着いた空気の中で、じっくりと一杯のコーヒーを愉しめる店。

最近はコーヒーがブームなのだそうで、京都もその例に洩れず、こだわりを強く押し出したコーヒー店が店を開き、人気を呼んでいるようだが、京都という街に、こだわりを押し付けるようなコーヒー店は似合わない。

さりげなく淹れられた一杯のコーヒーを、それがまるで空気でもあるかのように喫する。それが京都のコーヒー。

「一保堂茶舗」でお茶を淹れ、「六曜社」で一杯のコーヒーを愉しむべし。

14

紅葉を見るなら――「十一月」「十二月」どっち？

桜に比べて、紅葉の季節は長い。十一月の初旬ころから始まり、遅いところだと十二月の終わりころまで愉しめる。色付きが早いのは山間部で、遅くなって色付くのはおおむね洛中である。

京都の紅葉を愉しむにはいつがいいか。常識的に考えれば十一月の終わりころとなる。京都市内の名所旧跡はむろんのこと、街なかのそこかしこで色付いた葉を愛でることができる。

しかしながら、誰もが同じことを思うわけで、当然のことながらひどく混みあう。まず宿が取れない。取れたとしても極めて高額な宿泊費となる。もちろん紅葉の名所の混雑ぶりは想像を絶するもので、そこに辿りつくまで、更には名所に入り込んでからも、人波に押し流されるしか動く術《すべ》がない。

それをも厭わぬのなら、十一月も終わろうとするころの紅葉を愛でるのがいい。秋の澄んだ空気、抜けるような青空の下、朱から深紅へと色を変え、はらはらと散る寸前の紅葉を存分に愉しめる。

混雑を避けるなら師走に入ってからということになる。年の瀬特有のせわしさ、秋ではなく冬の紅葉。気分的にはいくらか興趣をそがれるが、それでも紅葉の美しさは変わることがない。**実質を優先させるなら、京都の紅葉は十二月になってから愉しむ。これが僕の答え。**

地球温暖化のせいなのか、十一月の半ばになっても、まだまだ朝夕の冷え込みは弱く、それゆえ葉を紅く染めるには時間が足りない。

紅葉の便りは、京都の場合、おおむね高尾あたりから届き始める。次いで大原、そして少しずつ里に下りてきて、嵯峨野、嵐山へと広がってゆく。

桜も紅葉も、嵐山の渡月橋《とげつきょう》界隈は人でごった返すが、紅葉には、とっておきの穴場がすぐ近くにあり、その寺の名を**「鹿王院」**（地図D）という。

「鹿苑寺《ろくおんじ》（金閣寺）」と同じく、足利義満によって建立された**「鹿王院《ろくおういん》」**は、人で埋まる「天龍寺」辺りから、わずかに数百メートル。歩いても十分ほどなのに、寺の境内は人もまばら。ゆっくりと紅葉を愉しめる。

とりわけ苔むす参道の両側から、覆いかぶさるようにして枝を伸ばす紅葉は圧巻。見事な紅葉のトンネルができる。名所の近くに穴場あり。僕はいつもそう力説するが、その典型がこの「鹿王院」である。十一月の半ばから色付くが、一番の見ごろは師走に入ってからとなる。

京都の紅葉名所、最も人出が多いのは東山界隈。「東福寺」、「清水寺」、「高台寺」、「南禅寺」、そして「永観堂」。東山三十六峰のふもとを縫うように建ち並ぶ古刹は、どこも紅葉の名所として名高く、シーズン中は途切れることなく人波が続く。

その中には穴場もあって、そのひとつが「日向大神宮」。「南禅寺」の南側、少しく山に分け入ったところに建つ社なので、東山では珍しく人出がまばら。

別名を〈京の伊勢〉とするように、深い森におおわれた神社は、どこかしらお伊勢さんを彷彿させ、いつも凛《りん》とした空気が境内に流れている。

京都最古の宮とも伝わり、古くは東海道を行き来する行人が、旅の安全を祈願した神社としても知られる。山ふところに抱かれ、ひっそりと佇む社を囲むようにして色付く紅葉は美しい。

鮮やかな朱色から、少しずつ濃さを増し、やがて濃赤色に染まった葉は、はらはらと風に散ってゆき、真紅のじゅうたんを作る。

青葉を青春に見立てるなら、散りゆくもみじは一生の終焉《しゅうえん》。不思議なことに、十一月の紅葉を見ていても、そういう感懐はない。それがどうだろう、師走の紅葉を眺めていると、心のどこかで人生と重ね合わせていたりする。

血がたぎるかのような真っ赤なもみじ葉は、時が熟したころを思わせ、やがて散り落ちたもみじ葉は、老いたる手のひらのように、しわを作り、色を暗くして、ちりちりと枯れてゆく。師走の紅葉に人の世のはかなさを見る。

実質を優先させるなら、十二月になってから冬の紅葉を愉しめ。

紅葉のとっておきの穴場「鹿王院」。
人で埋まる「天龍寺」辺りから、歩いて十分ほど。

15

桜や紅葉を違った視点で楽しむなら——「朝」「夜」どっち？

少し前の時代まではあり得なかった質問だろうと思う。朝はともかく、夜の紅葉や桜をどう愉しむか、という発想は昔は存在しなかった。無論のこと、夜桜という美しい言葉があるくらいだから、**闇夜にその姿をおぼろげに浮かび上がらせる桜などは、まさに幽玄の世界であって、それを愉しむのは風流の極みと言ってもいい**ほどだ。

しかしながら、それは桜の花が淡い色だからであって、暗赤色にもなった紅葉は、闇夜にまぎれてしまい、その輪郭さえ明らかにしない。夜桜という言葉は古くからあるが、夜もみじという言葉は、つい最近になって作られた言葉だ。

桜も紅葉も、今一番人気を集めるのは夜。ライトアップという仕掛けだ。最初に始めたのはどこだったか、それほど古いことではない。それが今や寺も神社も競い合うようにライトアップをする。

闇夜にぼんやり、などというのは流行らないのだろう。映画の撮影でも行われるのかと思うほどに、強烈な光を桜や紅葉に当て、それを見た客は歓声をあげる。

夜間特別拝観と称して、拝観料は加算され、寺社の財政は潤い、客は特別感を優越感に変えて喜ぶのだから、ライトアップはどちらにとっても有益な仕掛けだが、唯一迷惑をこうむっているのは、強烈な光を当てられ続ける桜や紅葉。ここに思いをいたす人は、ほとんどいない。

数年ほど前だったか、日本画の大家、上村松篁《しょうこう》画伯にインタビューしたことがある。桜の見どころ、見るべき時間など。それに対して答えた画伯の言葉で、強く印象に残っているのは、〈花の身〉だった。

―わたしは朝一番にスケッチにまいります。夜が明けて、人が動き出すか、出さんか、という時間。桜はこの時間が一番元気ですから、生き生きとした表情を見せてくれます。ところが、最近は様子がおかしい。朝一番やのに、桜が疲れ切っとる。そうか、睡眠不足か。そらそうですわな。ほんまやったら休みたいのに、がんがん光を当てられて、ようけの人から写真撮られて。自分に置き換えてみたら、よう分かるはずです。夜は桜も眠りたい。そういう桜の身になってやらんとあかん――

画伯は桜の身になって、熱弁をふるっておられた。

桜だけではない。紅葉も同じだと思う。人間と同じ生きものだということを忘れてはいないだろうか。陽が沈んだ後は、ゆっくりと休む安息の時間だ。それを人間の都合で妨げる大義名分などあるはずがない。ライトアップされた桜や紅葉を見て、幻想的だなどと称賛している向きは、この〈花の身〉になれないからだろう。

この質問に対する答えは明々白々。夜ではなく朝にこそ、桜や紅葉を見るべきだ。しかしながら、画伯の言葉にあったように、夜間にライトアップされたそれらは疲れた表情しか見せてくれないから、そうではないところを探さねばならない。

つまりは、桜や紅葉の名所で、夜間ライトアップしないところを探し、そこを朝一番に訪れるのがベストということになる。更に言うならば、夜桜見物という名の宴を張るような場所も避けたい。東京ほどではないが、最近では京都の桜名所でも飲めや歌えの宴会を繰り広げるところもあり、多くがブルーシートを敷き詰めるので、木の根が、息ができないと悲鳴を上げている。これもまた、花鳥風月をこよなく愛する画伯ならではの言葉。

猫も杓子《しゃくし》も、といった勢いで、各地でライトアップが行われるせいで、先の条件を満たす名所が年々少なくなってゆくのは寂しい限り。そんな中で、**朝桜のお奨めは、東山のふもとを南北に通る「哲学の道」[地図B]。**琵琶湖疏水の細い流れに沿って、車も通らぬ恰好の散歩道があり、ここに植わる桜は品格があって、楚々とした美しさを際立たせている。

あるいは**「加茂街道」[地図A]の北大路通から北、御薗橋辺りまで続く桜並木。二車線の道路の両側から覆いかぶさるような桜は圧巻。**ソメイヨシノは連なってこそ、その美しさを際立たせる。その見本のような通り。葉桜に変わった後、葵祭の祭列はこの桜のトンネルを抜ける。平安の頃を思い浮かべながらの朝桜もいい。

夜間ライトアップしない名所を朝一番に訪れるのがベスト。

16

桜を見るなら——「東山」「嵐山」どっち？

日本中どこにでも桜は咲き、桜前線と共に歩めば長く愉しめるものを、至極短い間しか花を開かない京の桜に、多くの人々が吸い寄せられるのはなぜなのだろうか。わけてもソメイヨシノなどは、いわばクローンなのだから、日本全国津々浦々、どこでも同じ花を見せるはずなのだが。

つまりは背景が重要だということなのだろう。咲く花の背後に、周囲にどんな光景が広がっているか。それらを含めて、人は桜を見る。

京の桜名所はけっして少なくない。洛北、洛東、洛西、洛中。そこいら中に桜が咲き、多くの人々がその周りに集う。中で最も賑わうのは、洛東は東山のふもとと、洛西嵐山近辺だろう。

東西の桜名所、さて、どちらをお奨めしようかと考えて、大いに悩む。とりあえず東山から辿るとしよう。

東山の桜、一番の特徴は、寺を背景とすること。その第一は**「清水寺」。桜がこれほど似合う寺は他にない**のではないかと思う。

音羽山を背にして、堂々たる舞台が張り出し、それを取り囲むようにして、桜が咲き乱れる。京都の桜といって、多くの人が思い浮かべるのは、この光景。

坂をふたつ下りて、続くは「高台寺」。いささか作り過ぎた感がある庭は、好みが分かれるところ。

枝垂桜《しだれざくら》で知られる**「円山公園」**地図B も外せないが、夜ともなれば、園内のあちこちで宴が張られるので興をそぐ。ここの桜は陽が沈むまでとしたい。

「円山公園」を抜け、「知恩院」を経て、**「南禅寺」**地図B へと至る途上が、東山のハイライト。かの石川五右衛門が――絶景かな――と言ったかどうかは定かでないが、**「南禅寺」の山門から見渡す眺めは天下一と言っても過ぎてはいない。**

片や嵐山。その桜は水辺に映す姿の美しさに尽きる。ゆえに多くの人は渡月橋に群がり、橋、川、桜が一緒に写りこむ場所を探し、シャッターを切る。
と、ここまでで終わったのでは、嵐山の桜を満喫できてはいない。

水辺の桜をもうひとつ。それは「大覚寺」地図Dにある大沢池《おおさわのいけ》の水面に映る桜。

平安のころ、時の嵯峨天皇が、中国にある洞庭湖という湖を手本として造らせたという大沢池は、日本で最も古い人工の庭園池と伝わっている。

中秋の名月のころには、池に船を浮かべ、月見の宴を催すという風雅な池は、千二百年も前からこの自然を保ち続けているわけで、そんな歴史を重ね合わせて桜を見れば、より一層風雅な気分に浸れる。

桜を見るに、必ずしも近くがいいとは限らない。遠くから薄ぼんやりとした桜を眺めるのも趣きが深い。それを言い表すのが〈遠山桜〉という言葉。

嵐山は、小倉山のふもとにあって、その小倉山こそが、かの百人一首を生み出した山なわけで、日本を代表する、桜の美しさを詠んだ歌は、ここに源を発するのだ。

「天龍寺」地図Dには曹源池《そうげんち》庭園という、広々とした見事な庭園があり、方丈からその庭園を眺めるも良し、更には背後に控える嵐山や亀山を借景とした眺めは、誰もが感嘆の声をあげるほどに美しい。

嵐山の桜。覚えておきたいのは、他より少しばかり遅れて花を咲かせる寺があること。

わずかに遅れるのは「二尊院」地図D。本堂の前で、薄紅色の花を開く枝垂桜をはじめ、境内のそこかしこに桜が咲き、長閑《のどか》な春を謳う。

更に遅れては「仁和寺」地図D。嵐山からは少しばかり洛中に戻ることになるが、衣笠山のふもとにあって、京都では遅咲きの桜として、つとに名高い。

遅咲きのみならず、樹高が低いことでも知られ、

―わたしゃお多福　御室《おむろ》の桜　鼻が低ても　人が好く―

という歌があるほど親しまれている。京都の春を締めくくる桜は〈御室桜〉と呼ばれ、花の名残を惜しむ都人に長く愛されてきた花である。

東西の桜名所、京都の達人でも答えは出ない。

17

五重塔を見るなら——「東寺」「醍醐寺」どっち？

京都を象徴する絵柄として、「金閣寺」、「清水寺」と並んで、「東寺」地図Eの五重塔がある。その絵を見ただけで、誰もがそこが京都だと分かる。それゆえ、京都を目的地とする旅番組や、京都を舞台にしたミステリードラマなどのタイトルバックには、おおむねこれらのどれかが使われる。

中でも「東寺」の五重塔は京都駅にも近く、東海道新幹線の車中から、その姿を垣間見ることができるので、京都と言えば「東寺」の五重塔を思い浮かべる人は少なくない。「東寺」のそれが、あまりにも有名になり過ぎて、京都に建つほかの五重塔が影を潜めているのは残念至極。

そもそも五重塔というものは、仏教的な宇宙観を表す仏塔であって、すなわち、五重の屋根がそれぞれ、空、風、火、水、地と上から順に五つの世界を示すものとされている。それを原則としながらも、高く屹立《きつりつ》する塔は、その地のランドマークとしての意味合いも持ち、あるいは、時の権力者が、富や権勢を誇るために建てたものであったかもしれない。

そう考えれば、京都タワーや、東京スカイツリーなどにも相通じるものがある。

そして京都には、「東寺」の他にも、「醍醐寺」地図E、「仁和寺」地図D、「法観寺」地図Bと三つの寺に五重塔があり、ぜんぶで四つもあることは存外知られていない。

仏塔という性格上、中に入り込んで上層に上ることはできない（法観寺は二層目まで上れる）が、外から眺めることはできる。**京都市内に現存する四つの五重塔を見て回り、それらを比べてみるのも、愉しい**のではないだろうか。

というわけで、「東寺」か「醍醐寺」か、という二者択一ではなく、四つの五重塔を順に見ていくとしよう。誰もが一度はその姿を目にしたことがあるはずだが、実際に「東寺」の境内に入って五重塔を見上げた人は少ないように思う。京都駅からも歩いて行けるので、是非間近に見てみたい。〈南大門〉からでもいいが、**五重塔だけを見るな**

ら〈東門〉から入ると便利。入ってすぐ左手に見えてくるが、夏には蓮が花を開かせる池越しに眺めるのがベスト。

プロポーションも見事で、市内四つの五重塔の中では一番の高さを誇る五十六メートル弱。京都を代表する姿はいかにも堂々としている。

弘法大師によって創建されて以来、四度も焼失し、現在の五代目の塔は一六四四年の建立。さほど古いものではない。

少し余談になるが、この「東寺」の五重塔を見るのに、恰好のポジションがあって、それは地図E**「ダイワロイネットホテル京都八条口」というホテルの西側の客室。**西山を背景にして、甍《いらか》が並ぶ中に五重塔が浮かんで見える。とりわけ夕陽が差すころには、まるで一幅の絵のような光景が出現する。それを見るためだけに泊まったとしても後悔はしないはず。

さて、古さで競えば「醍醐寺」になる。

九五一年の完成だと伝わっているから、千年以上の歴史を誇ることになる。場所がらからか、一度も焼失することなくその威容を誇っている。世界文化遺産にも登録された「醍醐寺」はまた桜の名所でもあり、春ともなれば、桜花爛漫《らんまん》の姿を見せる。

遅咲きの桜名所として紹介した「仁和寺」にも五重塔が建っていて、高さは三十六メートルながら、「東寺」の塔とよく似たプロポーションで、桜ともども、低いがゆえに愛らしい。「東寺」の塔と同年代の建立とされている。

そしてもうひとつ。街なかにありながら意外と気付かないのが「法観寺」の五重塔。聖徳太子が夢のお告げによって創建した五重塔をその起源とし、現在の塔は一四四〇年の建立というから、永享の乱のころ。京都で二番目に古い五重塔である。

高さは四十六メートルあり、これも高さでは京都で二番目。寺は小ぢんまりとしていて、五重塔だけが目立ち、街なかにぽつんと建っている印象を受け、〈八坂の塔〉の愛称で都人から広く親しまれている。


京都市内に現存する四つの五重塔を見比べるのも愉しい。

18

市場歩きなら「錦市場」「出町桝《ます》形《がた》商店街」どっち？

旅先での愉しみのひとつに、市場歩きがある。**知らない土地の暮らしぶり、食事情を知るには、市場や商店街を見て回るのが一番**で、僕も旅に出ると必ず市場を捜し、商店街を歩く。

近年は大型商業施設の攻勢に遭い、一般商店が店仕舞いすることが少なくなく、シャッター通りと化した商店街もよく見かける。

地方都市のみならず、観光都市京都もその例外ではなく、市内の各所にあった商店街や市場は縮小、廃止を余儀なくされ、全国チェーンのスーパーマーケットに、その場所を譲り渡してしまったケースも少なくない。

なんとも寂しい限りだが、**ひとり気を吐いている様相なのが「錦市場」**地図C。かつては

〈京の台所〉と称された、京都を代表する市場。

称された、と過去形にしたのは、今の錦市場はとてもじゃないが、〈京の台所〉などと言えないからである。

僕が子どものころなどは、素人が近づきがたい空気が流れていて、プロの料理人たちが厳しい目つきで魚の目利きをし、魚屋の主人と丁々発止のやり取りをする様を、遠まきにして窺うのが錦市場の常だった。

そんな素人でも大手を振って買い物に行けるのは、年末の買い出し。東京ならアメ横になるのだろうが、京都人は正月用の食料を求めて錦市場へ出向く。狭い道は押し合いへし合い、荷物持ちに連れて来られた子どもは、それを必死に耐えながら、正月のご馳走を夢見たものだった。

長くそんな時代が続き、午前中はプロの、午後には家庭の主婦の、〈台所〉としての機能を果たしていたが、不況のせいで客が減り、観光客を積極的に誘致し始めたころから空気が一変した。加えて昨今の外国人客。

〈京の台所〉とはほど遠く、今やアジアのマーケット同様、カオスに満ちた通りとなり、錦市場を検索すると、〈食べ歩き〉という言葉が真っ先にヒットするような、食べ歩きストリートと化してしまった。

では、今の京都で〈台所〉と呼べるような市場があるかと言えば、それもいささか心もとない限りだが、たとえば、**河原町今出川を上ったところにある「出町桝形商店街」（地図B）などは、その趣きを今に残している。**

古くは桝形市場とも呼ばれ、かつての錦市場と同じく、食品を扱う店を主にして、生活用品、花屋、薬屋などが軒を連ね、アーケードにおおわれているので、雨でも困らない。

この商店街には、内外に魅力的な店があり、ふらりと立ち寄ってもいいが、京土産を目的として、わざわざ訪ねたいところ。

商店街の入口近くには、**長い行列が絶えないことで知られる「出町ふたば」（地図B）**があり、多くのお目当ては〈豆餅〉。東京風に言うなら豆大福。餅に包まれた餡はほどよい甘さで、ぽつぽつと飛びだした豆の愛らしさも相まって、飛ぶように売れている。**名物〈豆餅〉以外にも、京都の普段着の和菓子が揃っていて、土産にすれば喜ばれる。**

〈豆餅〉の人気に勝るとも劣らない、京都の人気和菓子と言えば**「満月」**地図Bの〈阿闍梨《あじゃり》餅〉。京都駅の売り場ではいつも長い列ができているが、この商店街の中ほどにある**「マツヤ食料品店」**地図B**には〈阿闍梨餅〉の売り場があって、並ぶことなくすぐに買える。**

こちらは幾分日持ちのする菓子なので、京土産には最適。

京菓子と並んで人気の土産は京漬物。商店街の西側から出て、寺町通を少し北に上ったところにある**「野呂本店」**地図B**の漬物**がお奨め。

一風変わった京土産として京野菜はどうだろうか。「出町桝形商店街」の中には**「かね安」**地図Bという青果商もあり、京都ならではの新鮮な野菜を商っている。

買い物の合間に一服となれば**「満寿形屋」**地図Bがお奨め。気安い食堂ながら、鯖寿司を名物としていて、うどんとセットで店でも食べられ、もちろん土産用もある。

京名物がひと通り揃う商店街こそが、〈京の台所〉なのである。

「出町桝形商店街」こそ、〈京の台所〉である。

「出町桝形商店街 周辺」お土産屋さんのオススメ

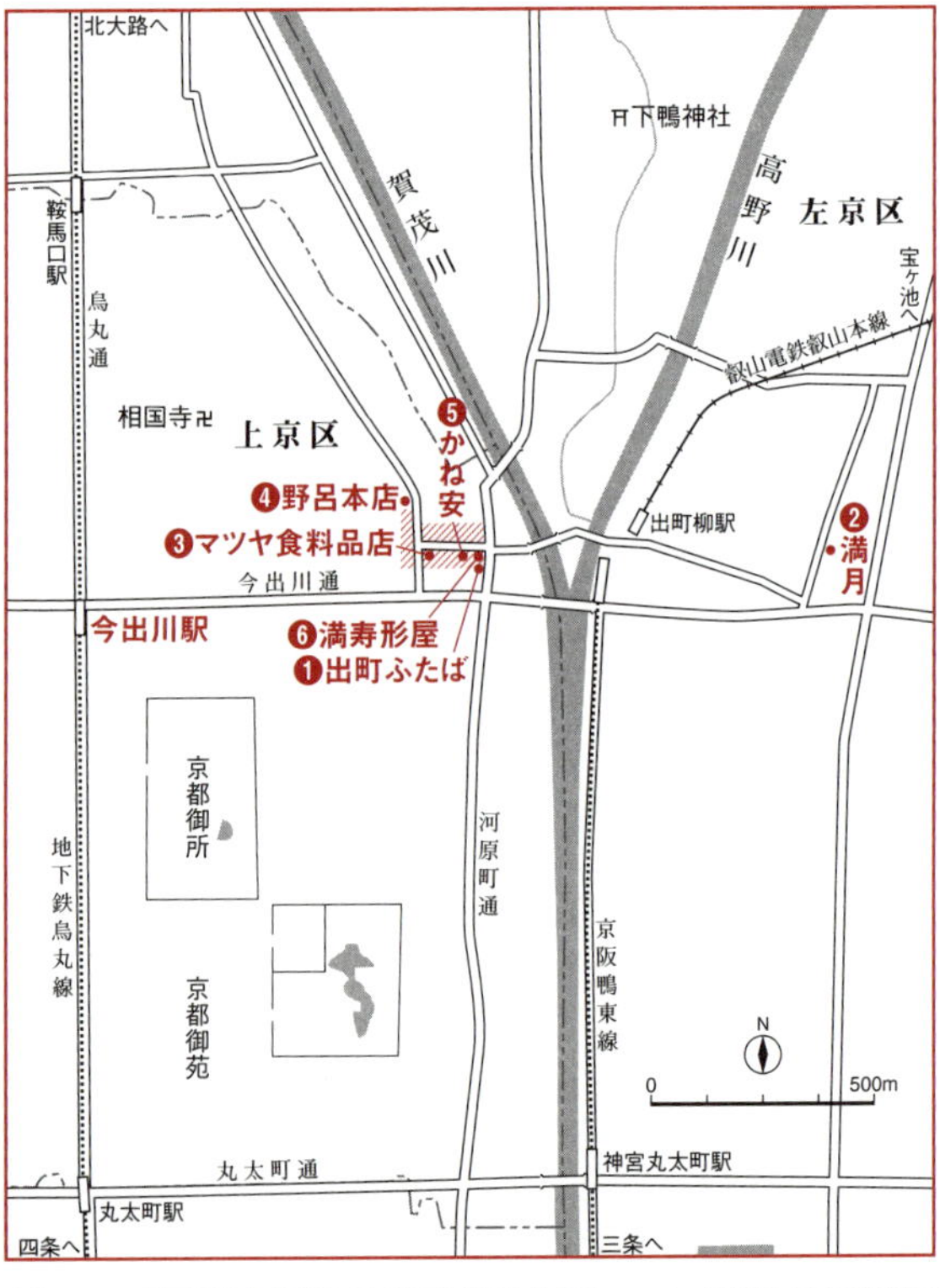

【①出町ふたば（豆餅）】【②満月（阿闍梨餅）】【③マツヤ食料品店（阿闍梨餅）】【④野呂本店（漬物）】【⑤かね安（京都ならではの新鮮な野菜）】【⑥満寿形屋（鯖寿司）】

19

京都らしいお寺は——「西陣」「東山」どっち？

京都を訪れる愉しみのひとつにお寺の拝観がある。というより、これを目的としての京都旅が圧倒的に多いだろうと思う。大小さまざま、いったい京都にはいくつのお寺があるのだろう。

都道府県別の寺院数だと愛知県が日本一だそうだが、市町村別だと、京都市はかなり多いほうだと思う。何しろ少し歩くだけで、すぐにお寺の山門が目に入ってくるのだから。寺町通という名が示すとおり、時の為政者によって集められた寺院があれば、移転を繰り返し、今は山裾にひっそりと佇む寺もある。しかしおおかたの寺は創建以来、その地に長くとどまり、都人への布教を続けてきた。

旅人にとっては、観光スポットのひとつに過ぎなくても、そこには様々な歴史があり、紆余曲折を経てきたのが、今日の京都の寺院である。そんな過去にも思いを馳せると、また違った目で寺歩きを愉しめるだろう。

そういう意味で、都人の暮らしによりそい、身近な存在として親しまれているのは西陣をはじめとする洛中の寺院。

境内も出入り自由で、朝は近所のお年寄りたちの憩いの場として、午後からは子どもたちの遊び場として、いつも笑い声が絶えないような寺。そのうちのいくつかは、保育園を併設していたり、境内の空きスペースを駐車場にしたりしていて、いささか情趣には欠けるが、それだけ日常に溶けこんでいるという佳さもある。

たとえば西陣の中心地、一条通七本松下るに立派な山門を開く地図D**「立本寺」**。一四二七年に創建された、歴史ある日蓮宗の寺院だが、近隣住民の憩いの場となっている、典型的な西陣のお寺。

ではあるが、いくつもの見どころや伝承があり、観光で訪れても充分愉しめる。

とりわけよく知られているのが**〈幽霊飴伝説〉**。

古く東山は六道の辺りに「みなとや」という飴屋があり、ここへ夜な夜な、一文銭を持って飴を買いにくる女性がいた。続けて七日目の晩、女性が飴を買った後、主人が飴の代金に受け取った一文銭をよく見ると、〈しきみの葉〉だった。主人が女性の後を追うと、「立本寺」の墓地に入り、姿を消してしまった。

驚いた主人が耳を澄ますと、赤ん坊の泣き声が聞こえる。声のする方には墓しかなく、主人は寺の住職に伝え、墓の下を掘ってみた。すると、掘り起こした桶の中には、毎晩飴を買いに来ていた女性の遺体があり、その傍らには、飴を食べて育ったのか、丸々と太った赤ん坊がいた。

ざっとそんな話である。更に後日談は続き、その赤ん坊は大人になった後に出家し、「立本寺」第二十世・霊鷲院日審上人となったという。

「立本寺」の寺務所では、この〈幽霊飴〉が売られていて、土産に買って帰れば、土産話も盛り上がる。

本堂の正面に掲げられた額の字は、本阿弥光悦の書という由緒ある寺ながら、境内には児童公園もあるという市井の寺。西陣を歩けば、こういう寺院はいくつもある。

一方で東山のふもとに建ち並ぶ、著名な寺院は、庭園もよく整備され、見るべきものも多く、その歴史にも傾聴すべきことはたくさんある。ただし、その多くは拝観料を必要とし、写真撮影などにおいても種々の制約がある。これを少し窮屈に感じるかたもおられるだろうし、いくつもの寺を順に巡れば、積み重なる拝観料もばかにならない。

とは言え、京都を旅して、東山の寺を巡らずして、味わいは得られない。項を改めて、東山の寺院巡りは詳述したい。

京都に住まう人々と強いつながりを持つ、西陣の大らかな寺、日本中、いや世界中から観光客が押し寄せる、東山の整備された寺。どちらかを選ぶというのではなく、愉しみ分けることが肝要である。どちらか一方だけに偏ると、本来の寺の有りようを見失ってしまう。京都における寺の多くは、信仰の対象でありながら、観光資源でもあるという、二面性を持ち合わせているのだ。

どちらかを選ぶというのではなく、愉しみ分けるべし。

20

親子丼にふりかけるなら——「七味」「山椒」どっち？

些末といえば、これほど些末なこともないわけで、どっちでもいいじゃないか、と言えば、それもそうなのだが。

答えはすぐに出る。親子丼には山椒だ。

そもそも山椒というものは、京都以外ではあまり見かけない香辛料で、東京の飲食店でも、鰻屋には必ず置いてあるものの、街場の蕎麦屋だとか食堂に常備してあることは少ない。

いきなりの答えになるが、**京都人が親子丼にふりかけるのは、七味ではなく粉山椒**である。親子丼だけではない。カツ丼、天丼、玉子丼など、丼ものには粉山椒をかけるのが、都人の倣い。

丼もののみならず、麺類にも粉山椒、というのもよくある。天ぷら蕎麦にも、にしん蕎麦にも、鶏なんばうどんにも、肉うどんにも、粉山椒は必須と言ってもいい。したがって、**京都のうどん屋、食堂は粉山椒を常備している。**ただ七味に比べて高価なものなので、卓上には置かず、リクエストされれば奥から出してくるという店もある。

これは、ほぼ京都に限ったことで、近江《おうみ》や浪花《なにわ》ではあまり見かけない。つまり関西全般が山椒好きということではない。

では、なぜ京都人は山椒を好むのか。

その答えのひとつに、京都は山に囲まれた地だから、がある。

三方を山に囲まれた京都は、平坦地は中心部のみで、少し北や東に行けば、すぐ山裾になる。そこでは山椒の木が植えられ、食卓を彩る食材として活用される。つまり山椒に慣れ親しんでいるのだ。中でも洛北鞍馬は、山椒の名産地として名高く、山椒を使った料理に〈鞍馬〉を冠するほど。

そして、もうひとつの答え。それは川魚好きだから、だ。

海から遠い京の街では、川魚が珍重される。古くは鯛よりも鯉のほうが人気だったというくらい、京都人は川魚を好む。今はもうなくなったが、「十一屋」というナマズ料理専門店もあり、僕も何度か味わったことがある。

川魚には特有の匂いがあり、それを消すのに山椒は実に有効な手段。香りで匂いを制する。鰻もそうだが、山椒の香りは川魚の風味をよりいっそう際立たせる。

彩りということもあって、鯛の刺身に木の芽を載せたりはするが、基本的に淡白な海の魚と山椒の相性はよくないようだ。それでも**京都の「ひご久」**(地図C)**という鮨屋では、赤身のヅケ握りに粉山椒をあしらったりする**から、いかに京都では山椒が身近な香辛料かということがお分かりいただけるだろう。

山椒は粉にして香り付けするだけでなく、京都では、山椒の実や花も料理の脇役として大いに活用している。その代表が〈ちりめん山椒〉。

近年、京土産として人気急上昇の〈ちりめん山椒〉は、料亭、割烹、専門店などがその味を競っているが、味の決め手は実は山椒。

木の芽と呼ばれる若葉、愛らしい花山椒、そして実山椒。春の訪れとともに変化し、それらに寄り添いながら、都人は山椒を味わい、更には粉にしてまで愉しむ。京都人の山椒愛は半端なものではない。

本題の**親子丼と粉山椒。この相性がいかに優れているかをたしかめるには、祇園切通しに暖簾を上げる「祇園権兵衛」**地図B**が最適。**

京都らしい蕎麦で知られる名店だが、この店の親子丼は日本一ではないかと思っている。上質な鶏肉と玉子。それを包み込む丼つゆ。絶妙な火の入り加減。それらが三位一体となって、得も言われぬ味わいの親子丼ができあがる。そしてそこに香り豊かな粉山椒をかければ、**これを上回るご馳走など他にはない**と思ってしまう。

近年、京都の親子丼人気が高まり、行列のできる店も何軒かあるが、街なかにある、普通のうどん屋でも、充分美味しい親子丼が食べられる。たとえば**京都駅八条口にほど近い「殿田」の親子丼は、京都らしい味わいで、しかも安い。**テーブルには置いていないが、頼めばもちろん粉山椒を出してくれる。これが京都の親子丼だ。

親子丼には「七味」ではなく、「山椒」をかける。

21

気楽な食事なら――「おばんざい」「定食」どっち？

―京都に来たなら〈おばんざい〉を食べなきゃ―

よく耳にする声だ。言葉の響きがいいせいもあってか、いつのころからか、京都の美味の代表として、〈おばんざい〉という言葉がひとり歩きをしている。

〈おばんざいバイキング〉を売り物にする店もあれば、〈特選京風おばんざい懐石〉などという、不思議なメニュー名の店もある。

京都に生まれ育った者なら誰もが知ることだが、〈おばんざい〉というのは本来、家庭で食べる質素な料理のことで、ご馳走と呼べるようなものではなく、ましてや、お金を払って店で食べるようなものではない。

〈おばんざい〉は、古くは〈おまわり〉とも呼ばれていて、毎月の決まった日に食べるおかずを言う。

朔日《ついたち》は、小豆ごはん、なます、にしん昆布という取り合わせ。月半ばの十五日は、小豆ごはん、〈いもぼう〉。際の日は、おからの炊いたん。これらが毎月順番に回ってくるから〈おまわり〉、〈おばんざい〉と呼ばれたのである。

京都の家庭は普段、質素倹約を旨としていて、乾物や海藻などの保存食を使って安いおかずを作っていた。つまりは〈ケ〉。そして特別な日には〈ハレ〉の料理を作ったり、もしくは馴染みの仕出し屋に頼んだり、あるいは外食をしたりして、メリハリを付けていたのだ。

そんな〈ケ〉の料理である〈おばんざい〉を、お金を出して店で食べるということは、京都人にとっては驚き以外の何ものでもないのだが、時代とともに言葉の意味は変わりゆくものだということも、よくよく承知をしていて、目くじらを立てたりせず、冷ややかに横目で見ている。

〈おばんざい〉という言葉を、京都ならではの家庭料理を基本にし、野菜や乾物をうまく取り合わせた、健康的なおかず、とするなら、それを美味しく食べさせる店はそこかしこにある。たとえば先述した**〈いもぼう〉**などは、それを店名にも冠した老舗料理店がある。

円山公園の中に店を構える「いもぼう平野家本家」地図B がそれである。そしてその〈いもぼう〉がいかなる料理かと言えば、海老芋と棒鱈《ぼうだら》の炊き合わせなのである。

南は九州から渡来した海老芋と、北の国から届いた棒鱈を取り合わせる。これをして〈出会いもん〉と言い、〈おばんざい〉のいくつかは、この〈出会いもん〉である。

〈いもぼう〉は、京都の正月にも欠かせない料理のひとつで、海老芋と、戻した棒鱈を炊きあげたもの。棒鱈から出る膠質《にかわしつ》が海老芋を包みこみ、煮くずれを防ぎ、海老芋から出る灰汁《あく》は棒鱈を柔らかくするという、相乗作用を生む。これをして、この店では〈夫婦炊《めおとだ》き〉と呼ぶようだが、実に言いえて妙である。

似たような取り合わせに**〈にしん茄子〉**という〈おばんざい〉があり、これも互いの特質を生かし、ふたつが合わさってこその旨みを生み出している。

先人たちのそうした創意工夫を〈おばんざい〉という言葉に集約し、大切に守り育てるならいいのだが、思いつきにしか過ぎないおかずを〈おばんざい〉と呼んでほしくはない。

そういう意味では、**真っ当な〈おばんざい〉を食べられる店は限られていて、たとえば先斗《ぽんと》町《ちょう》の中ほどに店を構える「ますだ」**地図B**などは、そのお手本としてお奨めできる。**

酒の肴としての色合いが強いが、カウンターの上にずらりと並ぶ〈おばんざい〉は、古くから伝わるものをきちんと守り、京都らしい味わいを長く保ち続けている。

言葉だけ、見てくれだけの〈おばんざい〉を食べるくらいなら、京都の街衆に長く愛されてきた〈食堂〉のほうがはるかにいい。

麺類や丼ものをメインにした店、洋食、中華、なんでもござれの大衆食堂。雅な京料理とは対照的な店だが、本当に美味しいものは、実はこういう店に潜んでいるものなのである。

京都らしいイメージに偏りすぎると、真の美味には出会えない。

22

肉を食べるなら——「牛肉」「豚肉」どっち？

京都のイメージにはそぐわないかもしれないが、京都人は無類の肉好きである。無論のこと魚も食べるが、とっておきのご馳走となると、魚より肉を選ぶほうが多いのが京都人。

そして**京都人にとって、肉と言えば、誰がなんと言おうが牛肉。**いきなり答えが出てしまった。

ただ、お茶と言えば、誰もが日本茶を思い浮かべるのと同じく、ただ、お肉と言えば牛肉しか思い浮かばないのが京都人であって、それは僕が子どものころからずっと変わらず、もっと前からそうだったのだろうと思う。

たとえばカツ。**トンカツより〈ビフカツ〉を好むのが京都人。**こう書くと、出版社の校正さんから赤字が入る。いわく〈ビフカツ〉ではなく〈ビーフカツ〉だと。だが京都人は必ず〈ビフカツ〉と呼ぶ。それは〈ビフテキ〉と同じで、〈ビーフステーキ〉と言うより、〈ビフテキ〉のほうが旨そうに感じるからだ。

というわけで、京都では〈カツサンド〉でも豚より牛である。特にことわりがなければ、〈トンカツサンド〉ではなく、〈ビフカツサンド〉のはず。

京都御苑の近くに地図C**「肉専科はふう」**というレストランがあり、この〈肉〉というのは言うまでもなく牛肉である。経営母体が精肉商なので、リーズナブルに美味しい牛肉を食べられる店として、京都人にも人気が高いが、ここの**隠れた名物に〈カツサンド〉があり、当然ながらそれは〈ビフカツサンド〉である。**

肉質の違いによって、並と極上に分かれるが、並でも充分美味しい。**テークアウトして、鴨川や京都御苑のベンチで頬張るのもいい。**

ところで、なぜ京都と牛肉はそれほど近しい関係にあるかというと、大きくふたつの理由がある。まずは京都の位置。

日本地図を開き、京都の位置をたしかめてみる。そこから左上、つまり西北方向を辿ると但馬《たじま》地方がある。名牛の故郷として知られ、〈但馬牛〉を産するところ。次に京都から右上、東北へたどると、すぐに近江に行きつく。〈近江牛〉の産地だ。そして今度は右下、南東へたどると松阪がある。言わずと知れた〈松阪牛〉の産地。

〈但馬牛〉、〈近江牛〉、〈松阪牛〉。この三つの産地を線で結ぶと三角形ができ、そのほぼ真ん中に京都があることが分かる。

日本を代表する名牛の産地の真ん中にあって、しかもそれぞれ百キロ以内という近さ。この三角形を僕は名牛トライアングルと名付け、京都はその中心にあるのだから、牛肉を身近に感じても何の不思議もない。

ふたつに京都人気質。

古い伝統を大事にしながらも、京都人は新しもの好きという一面も持っている。長く禁じられてきた肉食だが、明治四年に解禁されると、京都ではいち早く牛肉料理店が開かれることになる。

寺町三条にある、すき焼きの老舗「三嶋亭」地図C が店を開いたのは明治六年。解禁からわずか二年後のこと。ここで牛肉の旨さを知った京都人は口づてにそれを広めてゆく。

今もその「三嶋亭」は精肉売場を備え、いつも長い列ができている。店で食べるもよし、肉を買って帰って家で食べるもよし。

一方で、「自由亭」という洋食屋が「八坂神社」の鳥居前で店開きしたのは明治十年のこと。こちらも京都人の間で人気を呼ぶことになる。

名牛の産地に囲まれ、ハイカラ好きの都人に支えられ、京都の牛肉好きは長く続き、今に至っている。

ビーフステーキではなく、〈ビフテキ〉。それをそのまま店名としたのは**「ビフテキのスケロク」**地図A**。名刹「金閣寺」近くの住宅街に店を構え、京都独特の〈ビフテキ〉で、地元京都人からも厚い支持を集めている。**

京都で食べるなら豚より牛。わざわざそんなことを言わずとも、食堂の肉じゃがも、カレーライスも、うどん屋の肉うどんも、必ず牛肉が使われている。

京都人にとって、肉と言えば、誰がなんと言おうが牛肉。

23

京都を眺めるなら――「将軍塚」「大文字山」どっち？

京都はさほど広いエリアではない。北、東、西と三方を山で囲まれ、南は開けているものの、京都と呼べる地域は限られている。

たまに機上から見下ろすことがあるが、俯瞰《ふかん》するのも愉しいものである。地上にいるときは、よく分からなかった位置関係が明確になり、あそことあそこは、こんなに近いのか、とか。

天下人ではないが、高所から見下ろし、街全体を見渡すのは、ある種のカタルシスを呼び起こす。それを叶えてくれる場所。

ひとつに**大文字山**（地図B）がある。

京都の街なか、どこにいても〈大〉の字を見つけることができる。東山如意ヶ嶽。八月十六日、お盆で此岸に戻っておられた、ご先祖さまをお送りするための、送り火を焚くことで知られる山。

街なかのそこかしこから仰ぎ見ることができるのだから、〈大〉から見下ろせば、京の街を見渡せるのは当然の理。

意外に知られていないが、よく整備された道筋があり、〈大〉まではちょっとしたハイキング気分で辿りつくことができる。

銀閣寺の参道を歩き、山門を潜らず、手前の道を左に折れる。と、そこはもう山道の入口。多少は歩き辛いところもあるが、スニーカーなら容易に登れる程度。健脚の方なら三十分ほどで〈大〉の真ん中までたどれる。

鬱蒼と茂る木々の間を歩いてきて、急に空が開け、目指す場所に辿りつくと、誰もが歓声をあげる。

大文字の火床と呼ばれるそこには、薪を焚くための石組が〈大〉の字形に並び、周囲の樹木を伐採してあるので、視界は広い。向かいは西山。**右手に北山が顔をのぞかせ、眼下に京の街が広がる様は圧巻。**

高層ビルがほとんどないので、目印は緑。京都御苑、下鴨神社の糺《ただす》の森。地図と見比べながら、眺めていると飽きることがない。

ひととおりの眺めを得て帰途につこうとするなら、その前に足元をよく見てみたい。石を〈二〉の字に組んだ間に、黒いかけらがあるはずだ。

これは送り火を焚いた後の消し炭。懐紙に包んで持ち帰ると、無病息災の厄除けになる。送り火の翌日はこれを求めて、多くの善男善女がここを訪れ、まだ温もりが残るような消し炭を捜し歩く。主だったものはなくても、小さなかけらなら残っているに違いない。

京都を展望する場所として、最近人気が高いのが「青蓮院」地図B**の〈青龍殿大舞台〉。**将軍塚地図Bにある。

ここから街なかを一望できることは古くから知られていて、平安京を定めるにあたっても、この将軍塚からの眺めが決め手となった。

都をどこに定めるか、決めあぐねていた桓武天皇を、この場所に連れてきたのは、かの和気清麻呂公。

―どうです、頃合いの大きさでしょ。三方を山に囲まれていますから、防御もしやすい。この場所こそ都にふさわしいじゃありませんか―

まるで不動産屋のような進言を受け、桓武天皇はここに都を置くことを決断する。それが平安京の始まり。

ドライブウェーがあり、夜景の名所としてもカップルに人気が高かった将軍塚に、〈青龍殿〉ができ、「清水寺」の舞台の五倍近い広さを持つという、広大な〈大舞台〉が併設され、市内を一望しようと願う人々でいつも賑わいを見せている。

ただ展望するだけなら「京都タワー」からでもいいのだが、その地が持つ宗教性、あるいは歴史的意義など、京都を京都たらしめてきた時の流れをも感じ取ることで、眺めがより一層深みを持つこととなる。都の展望はできても、大文字山も将軍塚も、ただの展望台ではないのである。

大文字山も将軍塚も、ただの展望台ではない。

「銀閣寺」〜「大文字山」までのオススメルート

【①銀閣寺の参道】を歩き、山門を潜らず、手前の道を左に折れる→【②山道の入口】→【③〈大〉の真ん中】まで三十分ほど。ハイキング気分で辿れる。

24

庭園を愉しむなら——「平安神宮」「龍安寺」どっち？

近年になって、日本庭園の人気が高まり、外国人観光客のお目当てとして筆頭に挙げられるそうだ。併せて、禅もブームの様相を呈しているようで、禅寺の日本庭園を眺め、自己を顧みる、遠来の旅人も少なくないと聞く。

西洋に見られるガーデンと、日本庭園には根本的な違いがあって、それはシンメトリーか否かである。

イタリア式やフランス式の庭園がその典型だが、西洋的な観点からすれば、左右対称に整っていてこそ、美しい庭園なのであって、左右対称どころか、ゆがんだり、欠けたりする、不揃いな日本庭園は不思議の対象なのだろう。

その庭園に、禅という思想を重ね合わせ、哲学にまで昇華させる。日本文化を理解するための一法としては、実に真っ当なことである。

ただ美しいだけでなく、その庭を観ることで、思索を促す。禅寺の日本庭園ならではのこと。美と思索は万国共通。こんな愉しみを外国人だけのものとしたのでは、いかにももったいない。

代表的な禅寺の庭園といえば「龍安寺」地図D**の〈石庭〉。**

世界文化遺産にも登録されていて、創建は宝徳二年というから、五百五十年を超える歴史を有する寺。ほどなく応仁の乱で焼失したものの、数十年と経たずに再建され、その際に〈石庭〉も作庭されたと言われている。

正式には〈方丈庭園〉と呼ばれる庭は、南北が十メートル、東西が二十五メートルの長方形で、二十五メートルプールを少し小さくした程度の大きさ。白砂が敷き詰められた空間に十五の石が置かれている。**典型的な枯山水庭園には、多くの謎が秘められているといい、それゆえいつまでも見飽きないと言われている。**

そもそも、どういう発想で、枯山水という庭園様式が生まれたのか。なぜ石しかないのか。更にはなぜ十五個なのか。そこから謎解きを始めなければならない。とは言え、明確な答えはないのだから、どんな答案を出しても推測にしか過ぎない。それをも含めて、禅の教えなのだろうが。

〈方丈庭園〉に代表される、枯山水庭園には、果てしない想像力が必要だ。どこかの風景を模していたり、物語をなぞっている庭園もあると聞く。**〈方丈庭園〉のように、石の数、配置によって何かを表している。つまりは考える庭。**

「龍安寺」には、もうひとつ庭園があり、こちらは〈石庭〉ほどに名高くはなく、〈鏡容池庭園〉という名を聞いても、それがどこにあるか、すぐに分かる人は少ないだろうが、本来「龍安寺」の庭園といえば、こちらを指すのだそうだ。

広大な池の周りには四季を彩る花が咲き、それが水面に映る。そこを歩いて巡る庭、すなわち池泉回遊式庭園は、思索を深めるのではなく、頭を空っぽにして愉しめる。

水を使わない枯山水式と違って、四季折々その表情を変えるのが池泉回遊式庭園の特徴だろうと思うが、〈方丈庭園〉のように土塀の向こうから枝垂桜が花を見せると、春ならではの光景となり、周囲を含めると、必ずしもその特徴は池泉回遊式に限るものではない。

池泉回遊式庭園を造ろうとすれば、当然ながら潤沢な水が必要となる。その意味で、洛西よりも洛東、東山のふもとの寺が有利なのは、琵琶湖疏水の恩恵を受けられるからである。元来、東山の峰々がため込んだ雨水もあり、伏流水も豊かな地ではあったが、琵琶湖疏水が引かれて以降、寺社、別荘群の庭園はその水を引き込み、見事な池泉回遊式庭園を作り上げた。

たとえば**「平安神宮」**[地図B]の**〈神苑〉**[地図B]などはその代表であり、社殿を囲むようにして、東、中、西、南の四つの庭が広がり、その広さは一万坪にも及ぶという。**〈植治《うえじ》〉**と呼ばれた、七代目小川治兵衛の手になるもので、四季折々の花が咲き乱れ、いつ訪れても目を愉しませてくれ、心を安らげてくれる。

枯山水、池泉回遊式、どちらを選ぶかは、そのときの心の有りようで違ってくる。何も考えたくないなら後者、思索に耽《ふけ》りたいなら前者、というわけである。

何も考えたくないなら「平安神宮」、思索に耽りたいなら「龍安寺」。

平安神宮。四季折々の花が咲き乱れ、いつ訪れても目を愉しませてくれる。

「龍安寺」〈方丈庭園〉。石の数、配置によって〝何か〟を表している。考える庭。

25

北へ足を延ばすなら――「大原」「鞍馬」どっち？

京都旅を幾度か重ねてくると、街なかを歩くだけでは物足りなくなってくる。少しばかり郊外に出て、京都の違った表情をも見てみたいと思う。北か南か。

繰り返し書いているように、京都府は山国であって、それも北へ行くほど山は深くなる。洛北より北は、遠く日本海に至るまで、延々と山が連なり、わずかな水の流れに沿って、いくつかの集落が点在するほかは、折り重なるようにして緑が続く。

隠棲という言葉が似合い、修行という言葉がふさわしいのが、奥深い洛北。その鄙びた空気を感じ取れる人気観光地は大きく二か所。

ひとつは大原。古く、

―京都大原三千院　恋に疲れた女がひとり―

と歌われ、女性ひとり旅の憧れともなった地。歌にもあるように、代表的な名所に**「三千院」**があり、**「寂光院」**とともに寺巡りを目的とする向きが多い。

山里大原は、鄙びた紅葉がとりわけ人気で、秋のシーズンともなると、大原へ通じる道はどこも渋滞必至で、早朝を狙うか、もしくは紅葉のピークを避けて訪れたい。**「三千院」はその見事な庭を、「寂光院」は、建礼門院の悲話を重ね合わせて**拝観の見どころとしたい。

平清盛の娘である平徳子は、壇ノ浦の合戦に臨むも、形勢不利となり、安徳天皇らと共に入水をはかるが、皮肉にも源氏方に助けられ、生き残ってしまう。

京都に連れ戻された徳子は出家した後、大原「寂光院」に蟄居《ちっきょ》する。「平家物語」の〈大原御幸〉でもよく知られる、悲哀の物語。

大原名物でもある〈しば漬〉は建礼門院が名付け親と伝わっている。

悲しみにくれる建礼門院を慰めようとして、大原の里人たちが、この地に古くから伝わる漬物を献上する。それをたいそう喜んだ建礼門院は、

―これを紫葉《むらさきは》漬《づ》けと呼び、長く大原の名物とせよ―

そう、里人たちに告げる。

夏に赤紫色に染まった紫蘇《しそ》の葉を使った漬物は、それ以降〈紫葉漬け〉と呼ばれ、それがいつしか、紫から柴に変わり、〈柴漬け〉となった。

土産物として売られている漬物ひとつとっても、そんな謂《いわ》れがあるのが京都という街で、それは何も洛内だけのことではない。そう思えば、同じ土産物を買うのでも、深みが出てくる。

立ち寄るなら「里の駅 大原」。大原で採れた野菜をはじめ、漬物や弁当も売られていて、食堂も併設されている。素朴な京土産を求めるのに恰好の店である。

山に囲まれた平坦地に、小さな里を造り、そこで慎ましやかな暮らしをする。畑がいくつも連なり、汗を流してそれを耕す人々がいる。日本の原風景を今に残す大原は、いつ、誰が訪れても心を丸くしてくれる。

洛北の人気観光地、もうひとつは鞍馬。ここは街道筋であるとともに、深い木立におおわれた、修行、修業の場でもある。

―近うて遠きもの　鞍馬の九十九折《つづら》の道―

清少納言が〈枕草子〉で書いたとおり、駅からすぐのところにある山門を潜ってから、〈本殿金堂〉までは、うねうねと曲がりくねった山道が続く。

奈良時代の終わりころを起源とする、長い歴史を持つ「鞍馬寺」は、大原のふたつの寺とは、明らかに異なる様相で待ち受ける。

数百万年も前に、金星からこの地に降り立ったという〈護法魔王尊〉を祀るというだけあって、神秘性を秘めた寺で、それは〈奥の院〉から〈魔王殿〉へと通じる参道を歩くと、強く実感させられる。

かの牛若丸が、昼間は仏道を、夜は武道を習得しようと修行を積んだというだけあって、生半可な気持ちでは参拝できない、険しい山寺である。それだけに有難みはよりいっそうのものとなるのではあるが。

〈魔王殿〉から山を降り、西門を出るとそこは貴船。更に見どころが続く。

「鞍馬寺」は生半可な気持ちでは参拝できない、険しい山寺。

26

夏の床店を愉しむなら――「鴨川」「貴船川」どっち？

夏の京都を訪れる愉しみのひとつに〈床店《ゆか》〉がある。

京都の真ん中を流れる鴨川の西岸、二条から五条あたりまで、高床《たかゆか》を作り、そこで食事を愉しむ。いかにも京都らしい風景で、誰もが憧れを持って、それを眺める。

しかしながら、現実はそう甘いものではなく、真夏の〈床店〉はある程度の暑さを覚悟しなければならない。

地球温暖化のせいか、それとも〈床店〉の周りに散らばる、エアコンの室外機のせいかは分からないが、夜になっても一向に涼しさを感じられない。慣れない浴衣でも着ようものなら、汗だくになって食事しなければならない。

それでも風情を感じられればいい、と思われるのであれば、**真夏に鴨川の〈床店〉**

を愉しむのも一興。

涼しさをも感じながら、と望むなら梅雨入り前、もしくは九月に入ってからがお奨め。

かつては夏の間だけだったのが、近年は五月から九月まで〈床店〉が出る。真夏以外は昼間も営業する店があり、手ごろな値段で愉しめる。

屋外という開放感が美味しさをプラスする料理と、逆にマイナスになる料理があって、前者は鍋物系やお弁当系、異国情緒系で、後者は正統派の日本料理。

その理由のひとつに、仮設型の席がある。オープンエアだから当然カジュアルな造作になり、それが似合う料理と似合わない料理があるのだ。懐石仕立ての日本料理は、やはりちゃんとした設えの座敷で食べたいし、その逆に、カジュアルな中華料理などは、少しばかり屋台気分も味わえるので、床店で食べるにふさわしい。

鴨川の床店でお奨めを何軒か。

木屋町通の団栗橋を下ったところにある「SUMIRE」地図C は香港ふうの中華料理の店で、カジュアルなチャイニーズを床店で食べられる貴重な店。

床店で鍋料理というのも乙なもので、**「鳥初鴨川」**地図C**で食べる水炊きは滋養たっぷり、**といったふうで、夏バテにも効く。

「欧風料理開陽亭」地図C**では、ランチタイムだけだが、三段組になった〈洋食弁当〉が愉しめる。**席料を加えても三千円を少し超える程度だから、床店気分を手軽に味わうには最適の店だ。

〈床店〉は、洛北貴船川でも行われていて、こちらは同じ〈川床〉と書いて、カワドコと読む。川面に張りだした床の間といったふうだからだろう。

こちらは場所がら、気温が街なかに比べてかなり低い上に、流れの上に席が作られているので、昼間がお奨め。洛中との温度差は大きく、夜は十度ほどの差があり、かなり身体が冷える。

貴船川の〈床店〉は、鴨川のようなバリエーションはなく、どこも川魚を中心とした日本料理、もしくは鍋物がメインとなっていて、鴨川に比べて、料理そのものの価格も、席料もいくらか割高になっている。

貴船の〈床店〉。お奨めのスタイルは、鞍馬越えである。前項の続き。

午前中の早い時間に鞍馬を訪れ、鞍馬山に登って、**「鞍《地図A》馬寺」**を拝観する。山を降りてきて、西門から出る。

まずは水の神さまと崇められる「貴船神社」へお参り。地名としては貴船と書いて、通常はキブネと読むが、この神社に限っては、水が濁ってはいけないので、キフネと読む。

貴船の神さまは、古事記、日本書紀にも登場するほど、由緒正しく、歴史も古い。当社の由緒によると、貴船は元来〈気生根〉と書き、気が生じる根っこ、という意だそうだ。

鞍馬から貴船へと歩き、空腹が極まったところで「ひ《地図A》ろ文」へ出向く。予約ができないので、開店の十一時と同時に入店したい。ここでのお目当ては〈流しそうめん〉。手ごろな価格で、涼やかに食事を愉しめる。

季節、昼夜によって、鴨川と貴船川を使い分けて、床店を愉しむ。

鞍馬寺〜〈床店〉のオススメルート

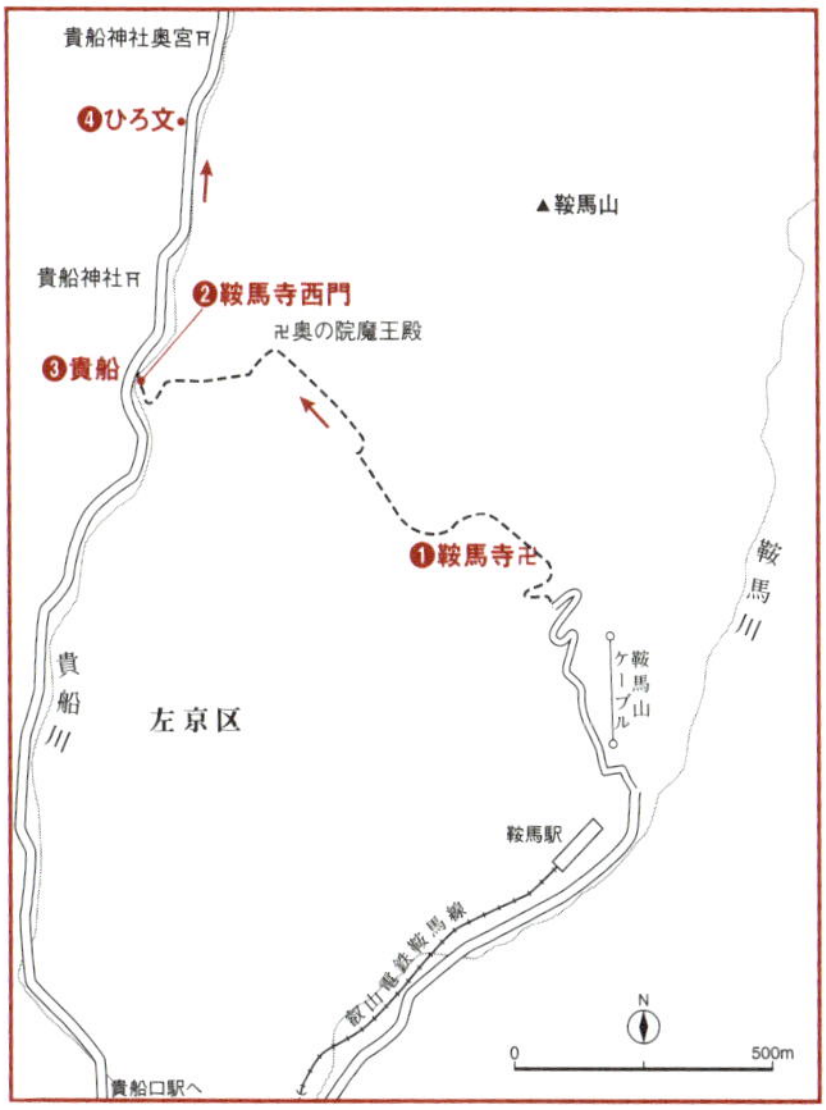

午前中の早い時間に鞍馬を訪れ、鞍馬山に登って、【①鞍馬寺】を拝観する。山を降りてきて、【②鞍馬寺西門】から出る。鞍馬から【③貴船】へと歩き、空腹が極まったところで【④ひろ文】(流しそうめん)へ出向く。

貴船の〈床店〉の流しそうめん。

27

街中を散策するなら――「鴨川堤」「京都御苑」どっち？

京都人の憩いの場は、大きくふたつ。ひとつは鴨川堤で、地図Bもうひとつは京都御苑。地図Cどちらも年中無休、いつでも歩けて、しかも無料。広々として、治安も悪くなく、車も通らず、心穏やかに散策できる。

鴨川堤は南北移動という形になり、京都風に言えば縦歩き。一方の京都御苑は周遊型歩き。どちらも捨てがたい魅力を持っている。

ただ散策を愉しむなら、京都御苑に軍配が上がるだろうか。広々とした御苑の中を縦横無尽に歩くことができ、縦横だけでなく、周遊もできれば、斜め歩きも可能だ。つまりはショートカット。

たとえば、烏丸丸太町から寺町今出川辺りを目的地とするなら、京都御苑内を斜め歩きすることで、かなりの距離を短縮できる。緑豊かな御苑内を散策しながらの近道。車も通らず、御苑内には幾筋もの細道もあり、変化に富んだ道筋を歩ける。地点移動だけでなく、**周遊ができるのが京都御苑歩きの一番の魅力。**

一方で鴨川堤の散策。こちらは縦移動専門で、北から南へ、もしくはその逆であって、周遊性という観点からすれば、京都御苑に敵わない。

逆に移動という意味では、鴨川堤のほうが利便性が高い。

つまり、周遊型の散策なら京都御苑、移動型の散策なら鴨川堤というわけだ。

たとえば春秋の観光シーズン。「上賀茂神社」から「下鴨神社」へ移動するとして、市バスに乗るところを、鴨川堤を散策しながら移動する。そういう手もある。渋滞もない上に、東山の峰々を眺めながらの移動は快適でスムーズ。おまけに健康にもいい。

しかも無料、といいことずくめ。

と思いきや、最近は天敵ともいえるものが出てきて、それは自転車族である。

北はおおむね、「上賀茂神社」近くの御薗橋から、南は塩小路通辺りまで川岸の遊歩道がよく整備されていて、信号もないことから、自転車の通行が目立って増えてきた。

のんびりサイクリングするくらいなら問題ないのだが、スーツ姿でレーシングサイクルにまたがり、ヘルメットをかぶって猛スピードで駆け抜けていく自転車族が増えてきた。朝夕の通勤時間などは、狭い遊歩道を歩く人を縫うように、次々と自転車が駆け抜けて行く。ひとつ間違えば大きな事故につながりかねず、うかうか散歩もできない事態になっている。

リードを付けて犬を散歩させているお婆さんがいて、そのすぐ横を猛スピードで駆け抜けてゆく自転車に、見ているほうがハラハラする。

鴨川は京都市民憩いの場ということで、細かな制約を設けることを良しとしないのだが、傍若無人な輩が横行するに至ってはやむを得ない。大きな事故が起こってからでは遅いのである。本来は規制というより、自主規制が望ましいのだが。

鴨川の散策といって、最もふさわしい時間は、通勤、通学の時間帯をはずした、昼下がり、もしくは、陽が落ちるか、落ちないかという時間帯。

長く京都の暮らしを続けてきた人たちが、家から外に出て、河原を散策する。それは至極ありふれた日常でありながら、特別な光景にも見える。その様子を横目にしながら、鴨川を歩くのは、どんな観光コースにも増して、京都と一体になれる時間を提供してくれる。

京都御苑にせよ、鴨川堤にしても、そこは京都市民の憩いの場であると同時に、観光で京都を訪れた人たちにとって、身近に京都を感じられる場所でもある。

街中を散策するなら――「鴨川堤」「京都御苑」どっち？

残念ながら、この問いに対する正解はない。あえて答えるなら、両方、となる。

季節、時間帯、その時々の条件によって、歩きわければいい。京都に住まう者にとって、どちらも欠かすことのできない場所であり、それを恰好よく言えば、〈ソウル・プレイス〉となる。

もしも京都御苑がなくなったなら。もしも鴨川がなくなったなら。考えたくもないが、それは、京都が京都でなくなる日。

散策を愉しむなら、京都御苑だが、正解はない。

28

寺巡りを愉しむなら――「嵯峨野」「東山」どっち？

京都で寺巡り。これほどによく似合う取り合わせもない。日本全国、どこにも寺はたくさん建っているが、京都の街並みを背景とすると、その趣きが際立ってくるから不思議だ。

寺町通という通りがあるように、施策によって寺院が集まっているところもあるが、多くの寺は京の街なかに点在している。

通りすがりに、ふと目についた寺を参拝するのも一興で、思わぬ歴史を持つ寺がひっそりと佇んでいるのも京都ならでは。

散策も兼ねての寺巡りとなれば、東と西の山裾に居並ぶ寺がいい。東は東山。西は嵯峨野。どちらも長い歴史に育まれ、今日の姿となっている。

まずは東山から。

近江の国との壁を作るようにそびえる東山の峰々。すぐふもとまで市街地が広がっているので、寺と寺の間を歩くときには、さほどの情趣を感じられないのがマイナス点。移動する際に、細道を歩いていて後ろからクラクションを鳴らされたりすると、一気に興がそがれる。

それさえ目をつぶれば、北から南へと、古刹、名刹が、次々と姿を現し、これぞ京都、といった風情を醸しだす。

東山の寺巡り。もうひとつの難点はその距離にあって、北はおおむね「曼殊院門跡《まんしゅいんもんぜき》」辺りから、南は「東福寺」までとすると、南北の移動距離は八キロを軽く超える。よほどの健脚でなければ、一日で歩きとおすのは難しい。

徒歩と市バスをうまく組み合わせること、そして三日、ないしは四日に分けて巡ることをお奨めしたい。

東山の寺巡り、北、中、東、南と、ざっくり四つのエリアに分けて拝観されることをお奨めしている。

北は「曼殊院門跡」、「圓光寺《えんこうじ》」、「詩仙堂」、そして「金福寺《こんぷくじ》」の四つの寺院を、北から南へ順に巡るとスムーズ。アクセスとしては市バス、もしくは、京阪電鉄と叡山電鉄を乗り継いで、修学院駅で降りるのが便利。四つの寺を巡るとおおむね半日はかかる。これが〈北エリア〉。

中は通称「銀閣寺」、正式名称「慈照寺」から歩き始め、**〈哲学の道〉**地図B 沿いに、「法然院」、「安楽寺」、「霊鑑寺」と巡り、白川通を越えて、通称「真如堂」、正式名称「真正極楽寺」と、通称〈黒谷さん〉、正式名称「金戒光明寺」の六つの寺を巡る。この〈中エリア〉は広大な寺が多いので、最低でも半日、ゆっくり拝観すると一日仕事になる。

東は「永観堂禅林寺」からスタートし、「南禅寺」「金地院」と、隣接する寺を巡る。そこから三条通を通り抜け、「青蓮院門跡」、「知恩院」と歩く。見どころが多い寺が続き、半日かけて、〈東エリア〉はゆっくりと巡りたいところ。

最後は南。「高台寺」からスタートし、「清水寺」、「蓮華王院三十三間堂」から「御《み》寺《てら》泉《せん》涌寺《にゅうじ》」を経て「東福寺」へと至る〈南エリア〉。

こうして四つのエリアに分けると、東山の寺巡りプランを立てやすい。

一方で嵯峨野。こちらは比較的狭いエリアに寺院が密集しているので、移動も容易く、長閑な眺めが続くので、朝から夕まで、一日で巡れぬこともないが、二日に分けて歩くと、ゆとりが生まれる。

JRなら山陰本線の嵯峨嵐山駅、嵐電なら嵐山駅から歩き始める。

まずは「天龍寺」から、竹林を抜けて「常寂光寺」、「二尊院」へと辿る。途中、寺院ではないが「野宮《ののみや》神社」「落柿舎」と、嵯峨野らしい景色を眺めながら観て回ると、ざっと半日はかかる。

続きでもいいが、せっかくののんびりとした空気が流れる嵯峨野ゆえ、後半は日を改めてとしたい。「滝口寺」、「祇王寺」、「化野《あだしの》念仏寺」、「愛宕《おたぎ》念仏寺」と順にまわり、「嵯峨大覚寺」を経て、通称「嵯峨釈迦堂」、正式名称「清凉寺」まで。

風情をも味わうなら、嵯峨野に軍配が上がる、東と西の寺巡り。

東山の寺巡り　四つのエリア

〈東エリア〉

【①「永観堂禅林寺」】→【②「南禅寺」】→【③「金地院」】と、隣接する寺を巡る。そこから三条通を通り抜け、【④「青蓮院門跡」】【⑤「知恩院」】と歩く。見どころが多い寺が続くため、半日かけてゆっくりと巡りたい。

〈北エリア〉

【①「曼殊院門跡」】→【②「圓光寺」】→【③「詩仙堂」】→【④「金福寺」】。四つの寺院を北から南へ順に巡るとスムーズ。おおむね半日はかかる。

〈中エリア〉

【①「銀閣寺」】→【②「法然院」】→【③「安楽寺」】→【④「霊鑑寺」】と巡り、白川通を越えて【⑤「真如堂」】→【⑥「金戒光明寺」】の六つの寺を巡る。広大な寺が多く、最低でも半日、ゆっくり拝観すると一日かかる。

〈南エリア〉

【①「高台寺」】からスタートし、【②「清水寺」】→【③「蓮華王院三十三間堂」】から【④「御寺泉涌寺」】を経て【⑤「東福寺」】へと至る。

嵯峨野巡りのオススメルート

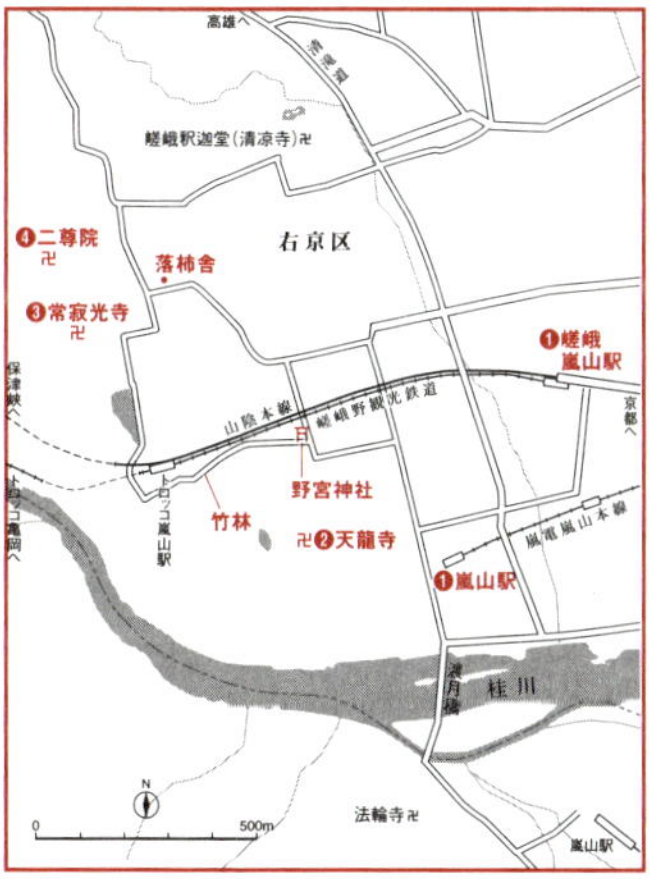

〈1日目〉

【①嵯峨山駅】もしくは【①嵐山駅】から歩き始める。【②「天龍寺」】から、竹林を抜けて【③「常寂光寺」】→【④「二尊院」】へと辿る。途中、「野宮神社」「落柿舎」と、嵯峨野らしい景色を眺めながら観て回ると、ざっと半日はかかる。

〈2日目〉

【①「滝口寺」】→【②「祇王寺」】→【③「化野念仏寺」】→【④「愛宕念仏寺」】と順にまわり、【⑤「嵯峨大覚寺」】を経て、通称【⑥「嵯峨釈迦堂」、正式名称「清凉寺」】まで。

29

お土産菓子なら——「抹茶スイーツ」「干菓子」どっち？

そう古いことではないと記憶する。土産菓子売場に〈抹茶〉という文字が目立ち始めたのは、ほんの数年前だった。

宇治の名物土産に〈抹茶飴〉、〈抹茶羊羹《ようかん》〉、〈茶団子〉があったくらいで、洛中の土産菓子に抹茶を使ったものは、そう多くなかった。

きっかけはパフェだったと思うが、行列を作ってまでそれを食べたいと思う観光客が激増したせいもあって、京都の菓子屋が、抹茶を使った菓子を作り始め、やがて一大ブームとなり、今に至っている。

抹茶というものは本来、喫茶というかたちで飲むものなのだが、その作法が邪魔してか、抹茶菓子に比べて、抹茶を喫する機会は圧倒的に少ない。調べたわけではないが、生産されている抹茶の大半は菓子に使われてしまい、本来の姿で飲まれることは激減しているだろうと思う。

抹茶というものは、ただ緑の色を付け、苦みをもたらすだけのものではなく、それを喫することによって、日本文化の一翼を担ってきたということも、心の片隅においた上で、抹茶を使った菓子を京土産としたいものである。

更に付け加えるなら、最近は和菓子までをもスイーツと呼ぶ傾向があるが、甘味のある菓子の意のスイーツと、季節や行事をも内に秘めた和菓子とは、その成り立ちも違えば、有りようも異なる。和菓子全般を、和スイーツなどという軽い言葉に置き換えてしまうと、和菓子が本来持つ姿を見失ってしまう。

著名な女性誌の京都特集で、とある和菓子屋の〈わらびもち〉を〈京都を代表する和スイーツ〉と紹介していたが、これなどが悪しき例の典型である。なんでもカタカナに置き換えてしまう風潮は由々しき問題。

行列ができるほど人気の高い〈抹茶スイーツ〉なるものは、ただ抹茶を生地に練り込んだだとか、抹茶アイスを載せたようなものがほとんどで、本物の京菓子とはほど遠い存在。

真の和菓子にあって、スイーツにないもの。それは細やかな季節の移ろいを菓子という形で表現すること。

良し悪しではなく、洋菓子と和菓子では発想が違うのである。したがって洋菓子の手法や発想を取り入れた和スイーツなるものと、古くから伝わる和菓子は別ものだと考えたほうがいい。

そしてその和菓子には、生菓子と干菓子があり、前者は日持ちしないが、干菓子は型も崩れにくく、賞味期限も長いので、京土産として求めるには最適である。

ちなみに、生菓子は、普段使いの素朴な饅頭や餅菓子と、茶席で用いられるような上生菓子があり、それぞれ商う店が異なる。前者は餅屋、もしくは饅頭屋、後者は主に、〈御菓子司〉で求めることとなる。

前者には〈さくら餅〉、〈うぐいす餅〉、〈水無月《みなづき》〉、〈かしわ餅〉、〈おはぎ〉などがあり、庶民が季節ものおやつとして愉しむ和菓子とされている。

一方で**〈御菓子司〉で作られる上生菓子は、季節の微細な移ろいをイメージした、繊**

細な形状で、それぞれに菓銘が付く。形状としては、きんとん菓子と、練り切り菓子があり、改まった茶席などで出される。ここで合わせるのが抹茶。薄茶、濃茶。

つまり、和菓子と抹茶は本来、別々に味わい、それを合わせることで完結するものなのである。抹茶スイーツなるものが茶席とは無縁なのは当然のこと。

生菓子を土産としてもいいが、繊細な形状なので崩れやすいから、干菓子が無難だ。

干菓子には落雁《らくがん》をはじめ、有平糖《あるへい》、金平糖、甘納豆など、様々な種類があるが、京都で干菓子といえば、和三盆菓子。

和三盆糖を使った型物の菓子は、品のいい甘さと、舌の上で溶けてゆく繊細さが持ち味で、何よりその細かな形状は見るだに愉しい。

主に生菓子は抽象、干菓子は具象とされ、その形を見れば、ひと目でそれと分かる。花鳥風月を淡い色合いと愛らしい形状で表現する干菓子は、ただ甘いだけではない。

抹茶スイーツのほとんどは本物の京菓子とはほど遠い存在。

30 花見弁当を食べるなら——「店で食べる」「外で食べる」どっち？

便利なこと、好都合なことを表す中国の俗語、〈便當〉を語源とする弁当は、多種多様なものがある。

古く、平安時代から始まり、安土桃山のころには、専用の弁当箱も生まれ、他国には例をみないほど、日本では弁当が著しい発達を遂げた。

日常的なものとしては、梅干を載せただけの〈日の丸弁当〉、海苔を載せた〈海苔弁〉などから、車中で食べるための〈駅弁〉、芝居の幕間《まくあい》に食べる〈幕の内弁当〉と多種多彩な弁当がある。そしてそれらは本来、携行して、決められた食事場所以外で食べることを旨とし、その多くは屋外であった。

つまり**弁当というのは野にあって食べるもので、それゆえ京都には〈弁当始め〉、〈弁**

当納め〉という言葉がある。

〈弁当始め〉は陰暦の一月十八日夜から二十五日までというから、新暦でなら、おおむね二月の終わりころだろうか、「知恩院」で行われた〈法然忌〉の〈御忌《ぎょき》詣で〉を〈弁当始め〉とした。〈弁当納め〉のほうは、同じく陰暦の十月十七日に「東福寺」地図Eで行われる〈開山忌〉と定められたという。

二月の下旬ころから、十一月の末ころまでを、弁当を食べる期間とした。ちょうど梅の花が開くころから、紅葉が散り始めるころまで。時候とぴったり符合する。

ということで、本項の答えは、外で食べる、となる。

では、その弁当をどこで求めるかといえば、やはり専門店をお奨めしたい。

京都には、客席を持たず、仕出し料理を専門に商う店が何軒かあり、その仕出し先は茶道三千家の茶席であったり、家庭の祝い事、仏事、花街のお茶屋など、多種多彩である。いわば**出張料理の専門店でもある仕出し屋の弁当が一番のお奨め。**

たとえば**「辻留」**地図B。東山三条近くの店は歴史ある佇まいで、あらかじめ注文しておき、取りに行くのがいい。**〈花見弁当〉の見事さといえば、ふたを開けた瞬間に思わず歓声をあげてしまうほど。**冷めても美味しいようにという工夫がなされ、見て美しく、食べて美味しい弁当となれば、まずは「辻留」を推したい。

そしてもう一軒。**新門前に暖簾を上げる「菱岩」**地図B**。**「辻留」と甲乙付けがたい仕出し屋で、ここの弁当を食べれば、京料理の何たるかが分かる。とりわけ、**出汁巻き玉子は絶品というより他にない。**

「辻留」と「菱岩」の弁当。どちらも派手さはないが、食べ進むうち、しみじみとした美味しさがじわりじわりと、胸に広がってくる。

デパ地下でも求めることは可能だが、やはり電話予約をして、直接お店に取りに行きたい。受け取った瞬間から、弁当時間が始まるのだから。

日本料理における弁当というものは、実によくできていて、主食たるご飯と、副食のおかずを巧く配合し、お酒のアテにもなり、ご飯のおかずにもなるように作られていて、コンパクトな箱の中に、整然と詰めあわされている。

昨今、デパ地下の弁当売り場は、まさに百花繚乱の様を呈していて、内容も様々なら、価格もいろいろ。数百円から数千円まで、財布に合わせて選ぶに事欠かない。**中で是非お奨めしたいのが「京大和」**[地図B]**の千円弁当。「JR京都伊勢丹」の地下二階で求めることができ、本来はもう少し価格が高いのだが、なぜかいつもディスカウントしていて、たいてい税込み一〇八〇円。新幹線の車中で食べるに最適。**

弁当を店で食べたい、という気持ちもよく分かるし、何よりコース料理に比べて、価格も値ごろで、ひと箱で完結するというのも、時間に制約がある場合などはありがたい。

お店で食べる弁当。見た目の形状はそうは見えないが、**「志る幸」**[地図C]**の〈利休弁当〉**は程よい量と、しみじみとした味わい深さで、万人にお奨めできる弁当。価格も実にリーズナブルで、**店で食べるなら「志る幸」を一番にお奨めしたい。**京都らしい白味噌椀が付いてくるのも、野にあって味わえない贅沢。

京都でも弁当というのは本来、野にあって食べるもの。

31

縁結びを願うなら ――「安井金毘羅宮」「下鴨神社」どっち？

京都の神社でご利益。女性誌の京都特集などでは、よく見かける言葉。常日ごろの無事に感謝し、礼を述べるのが本来の神社との向き合い方なのだが。

固い話は横へ置くとして、神さまにもそれぞれ得意分野があると見えて、神社のホームページなどには、ちゃんとご利益が謳われていて、金運、恋愛運、健康運など、ジャンルが明記されている。

中で圧倒的な人気を誇るのが恋愛運。縁結びの神さまを参拝し、そのご利益にあやかろうとする向きは多い。

その縁結びを社のご利益とする神社は少なくないが、旅人の人気が高いのは地図A**「下鴨神社」**と地図B**「安井金《こん》毘《び》羅《ら》宮《ぐう》」**。どちらの社も良縁求めての参拝客が引きも切らない。

しかしながら神社のご利益というものは、何かしらの理由というか根拠がなければならないわけで、むろんのこと、この二社にはその起源とも言うべきわけがある。

「下鴨神社」は、ひとつにその位置が関わっている。

地図を広げてみると、この社は賀茂川と高野川が合流するところに位置していて、それゆえ「河合神社」という摂社を持っている。河が合う、から河合だが、それはすなわち、出会いと結びを表している。

「河合神社」は、女性の守護神とも言われる、玉依姫命《たまよりひめのみこと》を祀っていて、美人祈願にも霊験あらたかと伝わっている。美人になれて、縁も結ぶことができれば、何も言うことはない。

「下鴨神社」の境内には「相生社《あいおいのやしろ》」という末社もあり、こちらもその名前からして縁起がいい。相生は、ふたつのものが合わさる、という意と、共に生きるという意があり、どちらにしても縁結びには申し分がない言葉。

更にこの「相生社」には〈連理の賢木《さかき》〉と言われるご神木がある。

社殿の南側に立つご神木は、二本の木が絡み合い、やがて一本に結ばれるという珍しいもので、縁結びの神様のご利益によって結ばれたと言われている。

この木については不思議な言い伝えがあり、それはこの木が枯れると、隣接する「糺の森」のどれかがその代わりを果たすと言われ、今ある〈連理の賢木〉はその四代目になるそうだ。

幾重にも縁結びにつながる謂れがある「下鴨神社」に対して、まずは悪縁を断ち切ることから良縁につなげようとするのが「安井金毘羅宮」である。

「安井金毘羅宮」のホームページを開くと、トップページに**〈悪縁を切り　良縁を結ぶ〉**とある。まずは悪縁を切らなければ、というのが当社の売り、である。

そもそも、その悪縁すら無い人はどうすればいいのか、はさておき、とにかく悪縁を切らねばならない、というのが、当社の強い主張である。

境内に足を踏み入れて、他の神社では決して見ることのできない、摩訶不思議な光景を目にする。

まるで雪が降り積もったかのように、巨石を白い紙が覆いつくしている。これは〈形《かた》代《しろ》〉と呼ばれる、身代わりのお札で、作法にのっとって貼り付けられたもの。

大きな石に開けられた穴を潜るという、涙ぐましい努力も必要で、縁を切り、次の縁を結ぶには、やはりそれなりに大変なのだと、誰もが思う「安井金毘羅宮」。

〈丑の刻参り〉などという、おどろおどろしい言葉は、いまだ京都には残っていて、それを象徴するのが**「鐵輪の井戸」**地図C。堺町通の松原を下ったあたりに現存する「命婦《みょうぶ》稲荷社」のすぐ傍らに井戸がある。

謡曲の演目だけの世界かと思いきや、今も井戸の上には習俗にのっとったミネラルウォーターのペットボトルが置かれ、平成の今日にあっても、呪いをかける思いが現存することに、背筋を寒くする。縁を切りたい相手にこの井戸の水を飲ませ、呪いをかけるという恐ろしい話。「安井金毘羅宮」よりリアルで、ろうそくを立てた鐵輪《かなわ》を頭にかぶり、ここから「貴船神社」まで〈丑の刻参り〉に出向いたというのだから、とてつもない執念深さを感じる。

縁を切り、縁を結ぶ。その願いは昔も今も変わらない。

32

金運祈願なら「ゑびす神社」「御金神社」どっち？

良縁祈願と並んで、強く願われるのは金運だろうか。労せずして財を成したい。なんたる怠惰、と思うものの、一獲千金を夢見て宝くじを買った経験は誰にもある。額に汗した労働の対価として得られるものだと思いつつ、不労所得に未練を持つのも人間の性《さが》。

毎年一月十日。大和大路の四条を下ったところにある「ゑびす神社」《地図B》に多くの善男善女が参拝し、その年の金運を願う。

―商売繁盛で笹持ってこい―

十日ゑびすには、そんな掛け声が響き、福笹を求める長い列ができる。

七福神の中で、ただひとりの日本神として知られる恵比須さまは、左手に鯛を抱え、右手に釣り竿を持ち、いつもにっこりとほほ笑んでいる。漁業の神さまとしても知られるが、豊漁の象徴から商売繁盛へと結びついたのだろう。

京都人には〈えべっさん〉と呼び親しまれ、十日ゑびすの日だけでなく、「ゑびす神社」には参拝客の絶えることがない。

この神社には変わった石の鳥居が建っていて、額束《かづか》のところに福箕《ふくみ》が飾られていて、その中には恵比須さまの顔が納められている。

顔の下には網熊手が作られていて、**鳥居の下から賽銭を放り上げて、うまく網に入れば願いが叶うと言われている。**多少の危険が伴うので、周りに人がいないことをたしかめてから試してみたい。

もうひとつ。本殿の南側に不思議な板があり、参拝客はこの板を、ドンドンと叩くことになっている。なんでも**恵比須さまは耳が遠いのだそうで、大きな音を立てないと、参拝客に気付かない**のだそうだ。

音を立て、来訪を告げることで、ご利益にあずかれる。ユーモラスな参拝法も、恵比須さまの人気の所以かもしれない。

一方で、いくらか即物的な感じがしないでもないが、近年、急速に人気が高まってきたのは、**金色の鳥居で知られる「御金神社」**地図C。〈おかね〉ではなく〈みかね〉と読み、元々は金属全般の神さまだったのが、今や金運の神さまとして、圧倒的な人気を誇っている。

祭神は〈金山毘古神〉。鉱山、鉱物の神さまであり、機械金属などにもご利益を広げ、いつしか資産運用、蓄財にも霊験あらたかと言われるようになった。

住宅街の狭間にあって、なんといっても、金色に輝く神明鳥居のインパクトが強い。恵比須さまのほうは、いつの日か、という感じだが、こちらは、即ご利益、といったふうで、ジャンボ宝くじが発売されると、参拝客が急増すると言われる。

「御金神社」は金色の鳥居が目立ち過ぎてしまい、多くが見過ごしがちだが、社殿の奥にそびえるイチョウの木にも注目したい。

樹齢二百年を超えるといい、洛中でも有数の歴史を誇る古木には、秋ともなると黄金色の葉が密に広がり、あたり一面を黄色く染めるほどだという。これを大判小判に見立てたという話もあり、由緒正しき金運の神さまである証。

このイチョウの木。**冬になって葉っぱをすべて落とすと、そのてっぺんに二匹の龍の形をした枝が現れる。それを仲睦まじい夫婦龍に見立て、夫婦円満のご利益ありともされている。**

「ゑびす神社」では、特に金運にご利益がありそうな物品は見当たらないが、「御金神社」には、いくつか金運アップの授与品が用意されていて、これを求めて帰る参拝客も少なくない。

金色のイチョウをかたどったお守りには、小判も添えられていて、〈身に金がなる御金まもり〉として人気を呼んでいる。

一番人気は〈福財布〉。金色の布製札入れで、ここにお札を入れると増える、とか、宝くじをいれておくと当たる、などと言われ、多くがこれを買い求めている。一番の金運にあずかるのは、この神社そのものかもしれない。信じるものは救われる。

「御金神社」の金運アップの授与品に注目するべし。

33

花街を歩くなら――「祇園」「宮川町」どっち？

京都の街を歩いていて、舞妓さんの姿を見つけると、誰もが歓声をあげ、カメラを向ける。

最近ではそれを目当てにして、花街をうろつきまわるアマチュアカメラマンも少なくなく、時にはそのマナーの悪さが問題視されたりもする。

一端《いっぱし》のカメラマン気取りで、舞妓さんに近づき、立て続けに一眼レフのシャッターを切る。くらいならいいのだが、ポーズに注文を付けたり、行く手をはばんだり、更に悪質になると、着物に手を触れたりもする。言語道断である。

舞妓さん、芸妓さん、どちらも着物を着て花街を歩いているときは、勤務中だと考えるのが正しい。仕事の邪魔をしてはいけない。写真を撮らせてもらうとしても、離れたところからそっとシャッターを切るくらいにとどめておきたい。

京都には五つの花街がある。先斗町、宮川町、上七軒《かみしちけん》、そして祇園甲部《こうぶ》、祇園東。しかしながら実際には六つとも言われ、それは組合連合会に所属していない島原を加えた場合であって、京都の花街は五つと数えるのが一般的。

室町時代に公許された、日本で最初の郭《くるわ》が嶋原と呼ばれるようになったが、昭和も終わろうとするころ、衰退の一途を辿ったために組合を脱退し、以後、別の道を歩むことになったのは、実にもったいないことで、〈嶋原大門〉をはじめ、〈輪違屋《わちがいや》〉など、往時を彷彿させる建築が残っていて、花街の雰囲気を色濃く残しているのは、五花街ならぬ嶋原なのだが。

五つの花街のうち、舞妓さんに会える確率が高いのは祇園、宮川町だろうと思う。「一力茶屋」（地図E）**から南、花見小路**（地図C）**近辺を歩くと、舞妓さんや芸妓さんが歩いている姿を見かける。**あるいは宮川町などは、組合のホームページに〈舞妓さんにあえるまち〉と謳っていることもあり、実際によく見かける。

しかしながら、注意すべき点がひとつあって、それは〈変身舞妓〉、またの名を〈ニセ舞妓〉という存在である。

僕には到底理解できないのだが、若い女性の多くには舞妓姿への変身願望があるそうで、それは国の内外を問わないらしい。花街の片隅に、とりわけ宮川町などには〈舞妓変身スタジオ〉なる施設が何軒もある。

変身した姿をスタジオで撮影するだけならいいのだが、その姿のまま花街を練り歩くから困ったものだ。

舞妓さんというものは、おおむね十五歳くらいから修業を積み、厳しい毎日を重ねることで、美しくあでやかな姿になるのであって、衣装を着て、かつらをかぶり、化粧をしたからといって、舞妓姿になれるものではない。姿勢、歩き方、まるで別ものである。

そんな区別すらつかないのか、もしくは舞妓ふうの衣装でさえあればいいのか、〈変身舞妓〉にカメラを向ける向きも多い。それが外国人であった場合、僕は必ずそれを教えてあげる。ニセモノであると。

そしてそれは、昨今の祇園界隈の店にも言えることであって、ニセモノだとまでは言わないが、少なくとも本物ではない店には要注意だ。

飲食店などに顕著な傾向だが、当主が高齢になり、後継者がおらず廃業に追い込まれるケースや、経営難によって店仕舞いすることが少なくない。

そうして空家になった物件を、東京や海外の資本をバックにした会社が、後を受け、新たな店を開くことが急増している。

つまりは、京都と縁もゆかりもない経営者なのだが、そういう店に限って、巧妙に京都らしさを演出した店で待ち受けるから、それに惑わされる観光客が後を絶たない。外観は真似ることができてもスピリッツまでは受け継ぐことができない。

宮川町に「グリル富久屋」地図B というレストランがあって、外観はありきたりの喫茶店だが、そこで出される料理は正統派の京都洋食。舞妓さんも、飲食店も、決して外見に惑わされないよう。

宮川町は〈舞妓さんにあえるまち〉と謳っている。

34

汗を流すなら——「銭湯」「温泉」どっち？

京都と温泉。いささかミスマッチに思える。それはなぜかと言えば、至極簡単なことで、温泉というものは鄙の地にあってこそ、その魅力を発揮するものであって、京都のような雅な場所に温泉は似合わない。これが結論。

だがしかし、そうは考えない人も少なくないようで、日本でも有数の集客力を誇る京都に、温泉という要素を加味すれば、まさに鬼に金棒になるのではないか。

そう考えて、二〇〇三年ころだったか、洛西嵐山と、洛北大原で、相次いで温泉が掘削され、めでたく湧出し、当時は大きな話題になった。

それから十年以上が経ち、温泉が枯渇したとも聞かないが、多くの都人はそこに温泉があることすら忘れ去ってしまっている。

市内に近いところでいえば、「湯の花温泉」。日本海の「天橋立温泉」などは温泉人気によって賑わいを見せているが、大原や嵐山の温泉が人気で、宿泊客が増えたという話は一向に耳に入ってこない。

京都に泊まって温泉。さほどの魅力を感じることがなかったのかもしれない。

京都で温泉。僕のお奨めは「くらま温泉」地図A**。深山幽谷の趣きを感じながら、豊かな緑に包まれながらの湯浴《ゆあ》みは、鄙の京都にあって、すこぶる気持ちがいい。**

派手な飾りもなく、大げさな施設があるわけでもない。さりげない露天風呂があるだけ。京都にあるなら、こういう温泉であってほしい。

もうひとつ。京都でお奨めしたい温泉は、ホテルに備えられたそれ。

たとえば**「ホテルモントレ京都」**地図C。**ここの最上階には天然温泉が引かれていて、西山の峰々を眺めながら、ゆったりと湯に浸かれる。**

もしくは**「ドーミーインPREMIUM京都駅前」。このホテルにも同じく最上階に温泉施設があり、その露天風呂からは京都駅ビルが見えたりして愉しい。**

どちらのホテルも、特別に温泉をセールスポイントにするわけでもなく、それゆえ、泊まってみて初めて知った温泉は、ちょっとしたサプライズで嬉しい。

一方で銭湯。これは京都のイメージにぴたりと合う。

古くは職人、時代が下ってからは学生。と、京都の街には銭湯を必要不可欠とする住民が多く存在してきた。

僕が子どものころ、つまりは半世紀ほど前まで、京都では内風呂のある家は少なく、たいていは銭湯に通っていた。日暮れどきともなると、プラスティックの洗面器を持って、いそいそと銭湯に向かう姿は見慣れた光景で、内風呂があっても銭湯に通うという都人も少なくなく、京都と銭湯は切っても切れない関係にあった。

あった、と過去形にしたのは、今では京都の銭湯は、絶滅危惧種に指定されてもおかしくないほどに衰退の一途を辿っている。

一般家庭はもちろん、単身者用のマンションであっても内風呂は備えられ、銭湯は今や好事家のものとなってしまっている。

京都には古くから銭湯文化とでも呼ぶべき風習があり、それは町家や寺社と同じく、正しく保存すべきものなのだが、哀しいかな時代の流れにあらがうことができず、風前の灯火《ともしび》と化している。

京都に来たなら一度は銭湯へ。どこがいいかと言えば、**僕の一番のお奨めは「船岡温泉」**地図A。温泉と名付けられてはいるが、天然温泉ではなく、長く都人に愛され続けている銭湯だ。

一刻も早く湯を浴びたいという気持ちを抑えて、まずは脱衣場の天井、欄間を見あげてみよう。**そこに施された細工は見飽きることがないほどで、「西本願寺」の〈唐門〉に勝るとも劣らない。**

―これが牛若丸でやな、こっちが鞍馬天狗や―。極彩色で彩られた木彫を、我がことのように自慢するオジイサンがいる。―上海事変っちゅうても、若い人は知らんやろなぁ―と、今度は欄間細工を指さす。銭湯の主のような存在は頼もしくも愉しい。

京都には温泉より銭湯がよく似合う。いつまでもそうありたいものだ。

京都のような雅な場所に温泉は似合わない。

35

市を愉しむなら——「天神さん」「弘法さん」どっち？

フリマだとか、マルシェなどと言って、昨今の京都では、青空市が盛んに開かれているが、はるか以前から、京都では連綿と行われてきたのであって、何を今さら、と思ってしまう。

その代表ともいえるのが、**毎月二十一日に行われる〈弘法市《地図E》〉と、二十五日に開かれる〈天神市《地図A》〉。**それぞれ京都人には、〈弘法さん〉、〈天神さん〉と呼ばれ親しまれている。

二十一日は弘法大師の命日にあたり、二十五日は菅原道真の生誕日であり、命日でもある。つまりは縁日。神や仏がこの世と〈縁〉を結ぶ日とされていて、この日に参詣すると、いつにも増して大きな功徳が得られると言われる。

無論のこと、どちらも故人を偲び、その功績を讃え、感謝の意を表すという意も大きいが、その場につどうことを目的とし、縁日ならではの賑わいを求めて多くが集まってくるのでもある。

信仰とは無縁に、ただ人が集まるだけなら、どこにでもあるビジネスに過ぎないわけで、それらとは根本的に意味合いが異なる、ふたつの市。日にちが合えば是非訪ねてみたい。

〈弘法さん〉は、その規模といい、多種多様な露店といい、日本有数の青空市である。露店の数は千数百店とも言われ、季節にもよるが、十万人以上が訪れるという。本気ですべてを見て回ると、一日がかりになる。

〈弘法さん〉の始まりは早い。早暁、冬ならまだ夜が明け切らぬうちから、露店が並びはじめ、ぼちぼち人が集まってくる。骨董商の周りには人だかりすらできていて、掘り出し物目当ての客たちが、懐中電灯片手に物色する。

食品、衣料品、雑貨商、植木屋、食堂など様々な露店が並ぶが、中で一番人気はこの骨董商。

場所代が安価なせいか、骨董店の価格より、おおむね三割ほど安く値付けされていて、更に交渉次第で安くなるので、骨董ファンは早朝から集まってくる。

〈南大門〉から入ってすぐ、〈金堂〉の前辺りまでは、半数以上が古物商である。このエリアは比較的、上物を扱う店が多く、いわゆる骨董と呼ばれるものが並び、客の側も玄人筋が集まる。

一方で、八条通側の入口から入って、〈北総門〉から南に向かっての辺りは、気安い古物商が多く並ぶ。骨董と呼ぶには憚《はばか》られるが、リサイクル品と言い切るにはもったいないような古物。これらは値段も安く、しかし今どきの量産品にはない温かみを持ち、座右に置いて使いたいものが数多く並んでいる。

古物だけでなく、手作りの器や布製品など、安価で使い易そうな品も、この界隈にはたくさん並んでいる。漬物、鯖寿司、餅菓子などの出店もあり、つまみ食いしながらも愉しく、ものによっては立派な京土産になるものもある。

二十一日の〈弘法さん〉が惜しくも雨天だったなら、二十五日の〈天神さん〉は必ず晴れるという言い伝えがあり、その逆もある。

〈天神さん〉は〈弘法さん〉に比べると、その規模は小さく、それゆえ楽に見て回れるという利点がある。

菅原道真を祀る「北野天満宮」は、普段は合格祈願や、学問上達を願って、若い人たちの参拝が絶えない寺だが、〈天神さん〉の日は年輩客が多く集まり、そのお目当ての大半は古裂《こぎれ》と植木。

神社の境内、東側の御前通、北側の細道と、「北野天満宮」を取り囲むような形で屋台、露店が並ぶ。御前通は骨董商、境内の南側は植木屋、北側の細道は古物、古裂の店が並ぶ。**〈天神さん〉〈一の鳥居〉をくぐり、まずはお参り。その後に御前通を北へ歩く、というのが〈天神さん〉の常道。**

空腹を覚えたら**「上七軒ふた葉」**（地図A）**で名物茶そば**に舌鼓、もいいし、門前の**「とようけ茶屋」**（地図A、D）**で豆腐料理**もいい。甘党なら**「澤屋」**（地図D）**の粟餅。**食べる愉しみなら〈天神さん〉。

規模が大きいのは〈弘法さん〉。食べる愉しみなら〈天神さん〉。

36

京都の豆腐が美味しいのは——「豆」「水」どっちのおかげ？

京名物であり、かつ健康にも良いとあって、京都の豆腐人気は年を追うごとに高まっている。

スーパーの豆腐売り場にも〈京豆腐〉と名付けられた豆腐がずらりと並ぶように、京都で作られた豆腐はすべて〈京豆腐〉となり、原材料の産地などは一切問われない。

こと豆腐に限ったことではなく、〈京〉を頭に冠した食品はイメージ先行のきらいがあり、それらが真に京都を代表するものかと言えば、疑問符の付くものが少なくない。

本物は意外にも〈京〉を冠していないという好例が豆腐にある。

今日の〈京豆腐〉ブームの先駆けとなった豆腐屋が嵯峨「清涼寺」の門前にあって、店の名を「森嘉」地図Dという。

――「森嘉《もりか》」はんの豆腐食べたら、よそのは食えんな――

京都人にそう言わしめた豆腐は、木綿豆腐のような歯ざわりと、絹ごし豆腐のような舌ざわりを併せ持つもので、その食感と、豆そのものが持つ風味とで、多くの都人から絶大な支持を受けている。

この人気に便乗しようとして売り出された豆腐は〈京豆腐〉と名付けられたが、本家本元の「森嘉」では当初から〈嵯峨豆腐〉と呼んでいて、〈京〉の字は見当たらない。よくあることだ。京都の店なのだからわざわざに〈京〉など付け加えなくてもよいわけで、嵯峨という具体的な地名のほうが京都人には馴染みやすい。つまりは**〈京〉を殊更に強調する店は、京都以外の人に向けての商いをしていると心得たほうがいい。**

〈嵯峨豆腐〉。食べると目から鱗。嵯峨まで行かずとも、「大丸」をはじめとして何軒かで売っている。一度は食べていただきたいもの。**ほかにお奨めは、「北野天満宮」近くの「とようけ屋山本」**地図C**、京都府庁近くの「入山豆腐店」**地図C**。**どちらも、ちゃんと豆の味がして、真っ当な豆腐を食べていることを実感できる。

では、なぜ京都の豆腐が美味しいのか。その答えはズバリ〈水〉。

京都の〈水〉が京都の豆腐を美味しくしているのである。

豆腐というものは、〈大豆〉と〈水〉でできているのだから、そのふたつの原材料によって味が左右される。もちろん〈大豆〉の質もたいせつな要素だが、京都産の〈大豆〉を使いさえすれば美味しい豆腐ができるとは限らないようだ。

京都の〈水〉は大きく三つに分けられる。ひとつは、東、北、西の三方の山々から湧き出る山水。ふたつに京都盆地の地中に溜められた地下水。これは浅い井戸水と、岩盤深くにある水甕《みずがめ》の両方があり、岩盤深くに潜む地下水は、琵琶湖の総水量に匹敵するほどの量だと言われている。三つ目は琵琶湖疏水。明治の大事業として行われ、その恩恵を多くが蒙っている琵琶湖疏水は、極めてすぐれた水質、豊かな量を保ち、京都を美味しくすることにひと役買っている。

京都の豆腐屋さんの多くは井戸水を使っていると言われるが、「とようけ屋山本」のように水道水を使って豆腐作りをしている店も少なくない。

それは京料理を供する店も同じで、井戸水や湧き水だけでなく、水道水を料理に使う店も少なからず存在する。侮るなかれ京都の上水道である。

京都市の水道水は硬度が四十程度の軟水で、同じ軟水でも関東地方の水道水はおおむね硬度が六十を超えていて、かなりの差がある。同じ大豆を使っても、できあがった豆腐の味に差が出るのは、こんなところにもそのわけがある。

〈黒豆豆腐〉などのように、使用する豆を丹波産にこだわることもあるが、多くの店では京都以外の土地で収穫された大豆を使っており、必ずしも京都の豆が優れているから、京都の豆腐が美味しいというわけではない。

豆腐の美味しさをダイレクトに味わうには、そのまま食べるのが一番。夏なら冷奴、寒い季節なら湯豆腐。

「森嘉」の豆腐を味わえる料理店として、「天龍寺」の境内にある「西山艸堂」地図Dを一番にお奨めしたい。シンプルな湯豆腐を適価で愉しめる。もしくは嵯峨鳥居本の「平野屋」。嵯峨野散策の折には恰好の店である。

京都の豆腐が美味しい秘密の答えはズバリ〈水〉。

37

京都で食べるなら――「鰻」「穴子」どっち？

俗に、長ものと呼ばれる魚の中で、京都と最もつながりが強いのは鱧。

京都三大祭のひとつである祇園祭は、別名〈鱧祭〉とも言われ、夏の京都で一番のご馳走は鱧だというのは衆目の一致するところ。

鱧落とし、焼き鱧、鱧しゃぶ、鱧寿司。どう料理しても美味しく、ただひとつの難点は高価だということで、とりわけ祇園祭のころは天井知らずといったふうで、それでもやはり縁起ものという感覚もあり、鱧料理の数々は七月の京都には欠かすことのできないもの。

その鱧と、姿形は鱧とよく似ていても、鰻や穴子と京都はあまり縁がないように見えて、しかし鰻も穴子も京都人はよく好んで食べる魚。とりわけ京都人の鰻好きは定評がある。

鱧の話に戻って、なぜ夏の京都で鱧が重用されるかと言えば、それは海から遠い京都であっても、生命力の強い鱧なら鮮度を保ったまま、京都まで運ぶことができるからで、海から遠い、ということが大きなポイントになっている。

ところで、京都でなぜ鱧か、という問いに対して、多くはこの生命力の強さをあげるが、ではなぜ鱧は生命力が強いのか、までは言及しない。

鱧の生命力が強いのは、他の魚と違って、皮膚呼吸ができるからだと言われている。俗に〈京都の鱧は山で獲れる〉と言われるのはそれゆえのこと。

その鱧は海の魚だが、言うまでもなく、鰻は淡水で育つ魚であり、つまりは海から遠い、という京都の弱点に左右されないという強みがある。

片や穴子は、鰻に比べて淡白な味わいで、京都人の好みに合う、と言える。したがってこの質問に対する答えは、両方、となる。

鰻も穴子も、京都には美味しい店がある。

まずは鰻。多く関西地方では、腹から開き、蒸しを入れずに直焼きをするが、なぜか京都では江戸風の焼き方をする店が多い。

鰻料理の名店では、ほとんどが背開きで、白焼きしてから蒸しを入れ、タレを付けて蒲焼にする。つまりは身も皮もふわふわとろとろの鰻になる。

京都らしさを併せ持つ、鰻料理のお奨めの店。まず第一に「松乃鰻寮」地図A**。**

洛北木野の地にあって、立派な民藝建築のお屋敷で食べる鰻料理は、京都ならではの雰囲気と味わいで、都の粋人に人気が高い。

鰻重や会席料理もいいが、一度は味わってみたいのが〈うなべ〉。この店だけのオリジナルメニューで、他では味わえない鰻の鍋料理。**鰻のスープはかくも旨いものか、と誰もが言葉を失う。**

街なかなら**「花遊小路江戸川」**地図C。京都一の繁華街、四条河原町からほど近い細道に暖簾を上げる店で食べるべきは、京都では珍しい鰻の串焼き。

キモ、クリカラ、カブト、シロバラなど、鰻の部位別に串焼きにされたもので、これを酒のアテにして何本か食べてから、鰻丼で〆るというパターンが珍しい。東京ではよくあるそうだが、京都でこうしたスタイルの店は珍しい。鰻好きには是非ともお奨めしたい。

一方の穴子はといえば、それを得意とする店の数は、さほど多くない。

京都の穴子料理で一番人気は、花見小路にほど近い四条通に暖簾を上げる**「天周」**地図B。この店の〈穴子天丼〉を求めて、昼どきには長い列ができる。

京都の店ながら、江戸前天ぷらが評判で、香ばしく揚がった〈穴子天丼〉は、濃いめのタレの味もしっかり染み込み、ボリュームも満点。観光客、京都人、両方の支持を集めている。

京都では珍しい、穴子料理専門店も是非お奨めしたい。

西洞《にしのとう》院《いん》通の高辻を少し下った辺り。大きな提灯が目印の「大金」地図C**では、穴子の薄造りや、肝焼き、天ぷら、白焼き、穴子飯など、様々な調理法で穴子料理を満喫できる。**ランチももちろん穴子。京都で穴子を食べるなら「大金」。店名も縁起がいい。

鰻も穴子も、京都には美味しい店がある。

38

南へ足を延ばすなら——「宇治」「伏見」どっち？

少しく気分を変えて街なかを離れる。南へと足を延ばすなら、まずは宇治が頭に浮かぶ。京都で十七を数える世界文化遺産のうち、ふたつもある土地なのだから。

しかしながら、外国人観光客にも人気の高い**「伏見稲荷大社」**地図E を擁する伏見も捨てがたい。叶うなら両方訪ねてみたいところだが、時間に制約があれば、どちらか一方を選ばねばならない。となれば、やはり宇治に軍配を上げざるを得ない。

「宇治」へのアクセスはいくつかあるが、ＪＲ奈良線、もしくは京阪電鉄宇治線で、いずれも宇治駅で降りれば、ふたつの世界文化遺産は、すぐ目の前の宇治川を挟んで、向かい合っている。

「平等院」地図E。境内に入ってまず目に入ってくるのは、国宝にも指定されている〈鳳凰堂〉。〈阿字池〉に浮かぶようにして建ち、見事にシンメトリーを描く優美な姿に、訪れた誰もがうっとりと眺める。

もしもそこに修学旅行生がいれば、きっと十円玉を取りだして見比べるに違いない。南北の幅は四十七メートル、東西の奥行きは三十五メートルに及ぶと言われ、鳳凰像を除いた高さは十四メートル弱。何よりも均整のとれた建築が美しい。

『源氏物語』の主人公、光源氏のモデルとされる源融《みなもとのとおる》が営んでいた別荘を起源とし、その後、宇多天皇が譲り受け、やがて藤原家の手に渡り、寺となったのが「平等院」の始まりとされている。

寺となった翌年には〈鳳凰堂〉が建てられ、〈多宝塔〉、〈五大堂〉、〈不動堂〉と次々と建立され、藤原頼通一族の手によって、伽藍《がらん》が整備されてゆく。

池の水面にその姿を映す〈鳳凰堂〉は、他の寺院ではあまり見ることのない優美さがあって、それは「平等院」がこの世に極楽浄土を現そうという意図があったからだろうと思う。

この〈鳳凰堂〉を彼岸に見立て、宇治川を挟んでの対岸を此岸とした。

―極楽いぶかしくば　宇治のみてらをうやまへ―

そんな歌が流行したともいい、今もそんな空気が漂っている。

〈鳳凰堂〉の写真を撮るなら、とっておきの場所があり、それは〈六角堂〉の前辺りから北西に向けてのアングル。正面からも悪くはないが、ここから撮ると更に美しく写る。「平等院」に比べて、対岸に建つ**「宇治上神社」**地図Eは知名度も低く、存在そのものも地味なせいで、なぜここが世界文化遺産に？　といぶかしむ声をよく耳にするが、「平等院」と対をなしていることも、登録された理由のひとつだろうと思う。

正確な創建の年代は不明とされているが、応神天皇の離宮があった場所を、頼通が「平等院」建立の際に、その鎮守社として崇めたというのが通説になっている。

入口から入って、〈拝殿〉の奥に建つ〈本殿〉は国宝にも指定されていて、日本最古の神社建築と言われている。

「宇治上神社」で、しばしば目に入るのはウサギ。これは地名に由来していて、今は宇治と書くが、古くは菟道（ウサギの道）と書いて、ウジと読んでいたから。〈みかえり兎〉など、愛らしいウサギが境内のあちこちで迎えてくれる。

宇治がウサギなら、伏見はキツネ。

世界文化遺産にこそ登録されていないが、外国人観光客の数で言えば、宇治をはるかに上回る数になるだろう「伏見稲荷大社」には数えきれないほどのキツネがいる。稲荷山と呼ばれる山全体が神社の境内で、そこにはかの有名な〈千本鳥居〉がぎっしりと山を埋めている。〈御山めぐり〉と言われる参拝は、ちょっとしたハイキングも兼ねられ、それも外国人に人気を呼ぶ理由になっている。

伏見の地名は、伏し水が由来とされ、湧き水が豊かなことから酒造りが盛んに行われ、今も酒蔵が多く存在している。俗に**〈灘のおとこ酒　伏見のおんな酒〉**と言われるように、やさしい味わいの酒で知られる。

片や宇治は、日本有数の茶の産地として知られ、宇治の街を歩くと、そこかしこから茶の香りが漂ってくる。

伏見は酒。宇治は茶。それを基準として選ぶのもいい。

39 京都には一見さんお断りの店が「たくさんある」「滅多にない」どっち？

祇園辺りの店を表現するのによく使われる言葉に〈一見《いちげん》さんお断り〉がある。

テレビ番組のレポーターが、料亭や割烹などを訪ねようとして、

―一見さんお断りのお店ではないでしょうか―

そう言いながら、玄関先から店をこわごわ覗きこんでいるような場面を、しばしばテレビで見かける。

紹介者もなく、初めて訪れて断られる店。あるとも言えるし、ないとも言える。

祇園をはじめとして、著名な料亭や割烹は基本的に予約制を取っている。いきなり飛び込みでこれらの店に行って、店に入れてもらえれば、よほど幸運だと思ったほうがいい。そういう意味でなら、〈一見さんお断り〉の店はたくさんある。

しかしながら、**店に予約の電話を入れて、馴染みでないからと門前払いされる店はほとんどない**はずだ。評判を聞いて、とか、雑誌の紹介記事を見て、などと付言して頼めば、紹介者などいなくても受け入れてくれるのが京都の店。その点からすれば〈一見さんお断り〉の店はほとんどない。

唯一、花街のお茶屋さんだけは〈一見さんお断り〉を貫いていて、それは、お茶屋遊びの花代、飲食費、交通費など、すべての料金を、客に替わってお茶屋が立て替えて払うシステムだからであって、信頼関係のない初見客を受け入れないのは当然のこと。料理屋とは仕組みが違う。

そうは言っても、せっかくの京都。お茶屋遊びも経験したいというなら、宿泊しているホテルや旅館から紹介してもらう、という手もある。無論それなりの出費は覚悟しなければならないが。

料亭や割烹も、紹介者があれば、よりスムーズに事が運ぶという意味では同じであって、まったくの一見より、ホテルや旅館であっても紹介者があったほうがいい。

あるいは、**一軒でも京都に馴染みの店があれば、そこの主人なり女将から紹介して**

もらうのも一法。数珠つなぎ的に美味しい店を辿るというのは、料理屋どうしが親しくしている京都ならではのこと。

先のテレビ番組。もうひとつ間違った言葉遣いがあった。

―敷居の高そうな店ですね―

この〈敷居が高い〉という言葉もよく間違って使われていて、本来は、長く不義理をしている親戚の家を訪ねるときなどに使う言葉であって、初めて訪ねる店で使うものではない。一度でもその敷居をまたいだことがあるからこそ、その敷居を高く感じるので、初めてなら高いも低いもない。

ことほどさようにメディアの用語は間違いが少なくなく、京都という街はそういうことにもうるさいので、充分注意したい。

〈一見さんお断り〉、〈敷居が高い〉。京都の店はそういうイメージを持たれることが多く、つまりは訪れる客の側が、最初から気合負けしてしまっているので、それでは決して良好な関係を築けない。

京都で食事を愉しむコツとして、まずはこの点を改めることを挙げたい。偉ぶることもないが、へりくだることもない。しかるべき対価を払って客となるのだから、どんな場合でも対等の関係でいるべし。

これは居心地のいい店を探し当てるコツでもあって、まずは問い合わせの電話をしてみる。料亭でも割烹でも、できれば営業中は避け、知りたいことを簡潔に訊く。料理の内容、価格など。丁寧に説明してくれれば、きっといい店に違いないし、ぞんざいな応対であれば、どんな有名店であっても、ばっさり切り捨てる。そしてうまく日程が合えば予約をする。このプロセスを経ておけば、初めて店を訪ねたとしても、店側の対応はより細やかになるはず。最近はネット予約というシステムが流行しているようだが、やはり生の声を聴き、その空気をたしかめた上で訪ねたい。

電話によって、あらかじめお店と心を通わせておく。これが京都の料理店で失敗しない、最大のコツだと思う。

予約の電話を入れて、門前払いされる店はほとんどない。

40

路面電車に乗るなら——「嵐電」「叡電」どっち？

かつて京都の街には、〈京都市電〉という路面電車が縦横無尽に走っていて、たいていの移動はこの〈京都市電〉だけで充分だった。

一八九五年、日本初の営業用電鉄路線として開業し、一九七八年の秋に全面廃止されるまで、百年近くのあいだ、京都市民の足として、あるいは観光客の移動手段として、長く活躍し続けた。

いわゆるモータリゼーションの波に負けた格好だが、今も惜しむ声が多くあり、もしも〈京都市電〉が今も残されていたら、魅力的な観光資源となっていただろうことは間違いない。その証左とも言えるのが、京都郊外を走る、ふたつの路線の電車。

ひとつは洛北に通じる「叡山電車」、通称〈叡電〉と、もうひとつは洛西嵐山に至る

「京福電気鉄道嵐山本線・北野線」、通称〈嵐電〉。

〈叡電〉は「京阪本線」と連絡していて、出町柳駅を起点とし、〈鞍馬線〉は鞍馬駅まで、〈叡山本線〉は八瀬比叡山口駅まで、のんびりと走っている。

片や〈嵐電〉は「阪急京都線」と連絡していて、四条大宮駅を起点に、嵐山駅を終点とする〈嵐山本線〉と、もうひとつの路線は、北野白梅町から、帷子《かたびら》ノ辻で〈嵐山本線〉と合流する〈北野線〉のふたつの路線に分かれ、それぞれ嵐山駅を目指す。

ふたつの電車に共通するのは、どちらもただの移動手段というだけでなく、移動中の車内にも愉しみを与えてくれること。

たとえば〈叡電〉。展望列車〈きらら号〉という車両があるほど、車窓からの眺めがよく、**わけても紅葉のころに、ライトアップされた〈もみじのトンネル〉をゆっくりと走る〈叡電〉は幻想的な美しさを見せてくれる。**市原駅から二ノ瀬駅までは、車内灯を消し、速度をゆるめるという細かな配慮もあって、その人気は年々高まるばかり。

〈嵐電〉とて負けてはいない。**〈北野線〉の鳴滝駅から宇多野駅の間にできるのが〈桜のトンネル〉。**昼間もいいが、夜六時半頃から八時半頃まではライトアップが行われ、車内灯を消し、低速運行される〈夜桜電車〉は格別趣きが深い。

夜間のライトアップについては、桜も紅葉も、決して好ましいものではないが、これらの区間は期間も時間も限られていて、自然破壊につながるほどではなく、周囲にも一定の配慮がなされていることは評価したい。

〈叡電〉〈嵐電〉ともに、世界文化遺産へと通じる足となっていることは、存外忘れられがちで、とりわけ〈叡電〉は、鞍馬山へ向かうイメージが強く、〈叡山本線〉を活用する人が少ないのは、いかにももったいない。

京都と近江にまたがる世界文化遺産、「延暦寺」を訪ねるに最適のアクセスが〈叡山本線〉。

「延暦寺」を参拝するなら、出町柳駅で〈比叡山延暦寺入山きっぷ〉を求めておきたい。〈叡電〉、〈ケーブル・ロープウェイ〉、〈比叡山内シャトルバス〉、〈延暦寺巡拝券〉がすべてセットになったお得なチケット。

春には遅咲きの桜、秋には深い紅葉と、季節ごとの愉しみもあり、**京の都と深い関わりを持ってきた古寺を〈叡電〉からケーブル、ロープウェイと乗り継いで巡るのは、**

ひと味異なる京都旅を約束してくれる。

〈嵐電〉の愉しみは沿線巡りに尽きる。

運賃は全線二一〇円均一だが、お得なチケットを利用したい。〈嵐電一日フリーきっぷ〉なら、全線乗り放題で五百円。三回乗れば元が取れる上に、沿線施設の特典も付いているので是非利用したい。京都市営地下鉄とのセットになった〈京都地下鉄・嵐電1dayチケット〉なら千円。これも利用価値大だ。

蚕《かいこ》ノ社《やしろ》。帷子ノ辻。車折《くるまざき》神社。これらはどれも〈嵐山本線〉の駅名だが、京都以外の人は読めない、いわゆる難読駅名とされている。そしてそれらの駅の周りには、それぞれ隠れた観光名所があり、ひと駅ずつ降りて、周囲を散策するのもいいし、徒歩を主にして、歩き疲れたら〈嵐電〉を利用するという方法もある。

ガタゴト走る電車。〈叡電〉も〈嵐電〉も素朴な京都旅を愉しませてくれる。

41

京都の家でお茶漬けを奨められたら——「食べる」「食べない」どっち？

もはや伝説にもなっているのが**〈京のぶぶ漬け〉**。

京都人の性格を表すのに恰好のネタとばかりに、語られる〈京のぶぶ漬け〉。その概略はこうだ。

—京都人の家を訪ねていて、思いがけず長話になってしまった。時間はちょうどお昼前後。と、京都人からお誘いの言葉があった。《お茶漬けでもどうです？》。と、しかし、これは早く帰れという意味で、実際にお茶漬けなど用意されていない。《では、遠慮なくいただきます》などと、決して言ってはいけない—

まことしやかにそう語られる。京都人というのは一筋縄ではいかない、という喩えとして使われるネタ話だが、これは事実と異なり、明らかに作られた話である。

なぜ作り話だと断定するかと言えば、京都人なら時分どきに、よその家を訪ねたりはしないからである。旅人ならもっとその機会は少ないのだが。

用件があって訪ねる際は、必ず事前に連絡をし、どの程度の時間を要する話かを、それとなく先方に伝えておく。訪問を受ける側はそれに合わせて、玄関先で済ますか、座敷に上げるか、あるいは食事を用意しておくか、などを検討する。

訪ねる側も、訪ねられる側も、その辺りのことは心得た上で応対するから、玄関先で長話、という状況に陥ることはない。

よしんば、そういう事態に陥ったとしても、〈ぶぶ漬け〉を持ち出すことはない。思いがけず長話になってしまい、しかし次の予定が迫っている。この辺りで切り上げたいのだが。そんなときは〈用事〉を使う。

―うっかりしてたわ。主人に頼まれてたことを忘れてた。ちょっとそこまで行かんならんけど、一緒に行ってくれへん？―

―あ、うちもや。うちも頼まれごとがあったんを忘れてた。ほな、おいとましますわ。えらい長話してしもうて、悪いことやったなぁ―

と、こんな会話を交わして、訪ねてきた客は辞去する。もちろん、どちらも頼まれごとなど存在しない。互いを傷つけることなく、嫌な思いもせずに済ませるための方便なのである。〈京のぶぶ漬け〉伝説より、こちらのほうがよほどスマートだ。

状況はさておき、**京都人の家を訪ねていて、**

―ぶぶ漬けでもどうです?―

と言われたら遠慮は要らない。ありがたく食べていけばいい。きっと自慢の漬物でもあるのだろうから。

京都の家庭にはたいてい糠床《ぬかどこ》があり、家で漬物を漬けている。僕が子どものころなどは、それが当然のこととされていて、それゆえ漬物屋でぬか漬けを買うことは、ある種の恥とされていたほどである。

それだけに美味しく漬かったときは、誰かに自慢したくなり、ご近所さんにおすそ分けすることも少なくなかった。だから、**もし〈ぶぶ漬け〉でも、と言われたら、それはきっと漬物自慢をしたいから**なのだ。

〈ぶぶ漬け〉の話にみられる、京都人の言葉を真に受けてはいけない、というのは事実である。額面どおりに受け取ってはいけない。僕もそう思う。そこには長い時間をかけて育まれた京都人気質とでもいうような性格が、大きく影響している。

京に都が定められて千年以上ものあいだ、しばしば京の街は戦の場となってきた。時の為政者たちが、あるいは天下人たちが、京の街を我がものにしようとして戦いを続けてきた。そこに巻き込まれてきたのが、都人だ。

政争や戦乱は、敵味方が一定することはなく、昨日の敵は今日の友、という言葉どおり、敵味方が入れ替わり、あるいは入り乱れ、その都度、都に住む人々は戦々恐々として暮らしてきた。

何よりの方策は、敵味方を明らかにしないことだと気付いた都人は、曖昧な言葉遣いをして、旗色を明らかにしてこなかった。それが現代になっても残っていて、京都人の言葉には裏がある、とされる。その話を次の質問に続けてみる。

「ぶぶ漬けでもどうです？」と言われたらありがたく食べてよし。

42

歓迎されているのは「おいでやす」「おこしやす」どっち？

京言葉は難しい。それは間違いない。だが、ひとりの旅人がそれによって影響を受けることは、さほど多くない。多くはないが、ないとは言い切れない。

京都を訪れる旅人でも知っておきたい、いくつかの京言葉があって、そのひとつが〈よろしいな〉という相づち。

たとえば割烹店のカウンター席で夜の食事をしていたとする。そして店の主人との会話の中で、昼ご飯は、ある料亭で食べたという話をした。

―なかなか予約の取れない店を知人に頼んで取ってもらいました。とっても美味しかったです―

いくらかの自慢の気持ちも込めてそう言った。店の主人がそれに応えていわく、

―よろしいな―

この場合の〈よろしいな〉は肯定ではない。ましてや羨《うらや》んでいるはずもない。京都の店で、他の店のことをとやかく言うことは厳に慎みたい。その評価の高低を問わず、店の主人は肯定も否定もできないからで、それを話題にすることは避けて欲しいという意味で〈よろしいな〉という言葉を使ったのだ。

しかしながら、この〈よろしいな〉はまったく異なる意味で使われることもある。

京都人どうしの知人がばったり出会ったとする。

―おでかけですか？―

―ちょっとそこまで―

―よろしいなぁ―

どこへ行くのか尋ねながら、答えを期待しているわけではなく、曖昧な返答にもかかわらず〈よろしいな〉と相づちを打つ。どんな答えが返ってきても、〈よろしいな〉。

先の店の主人も、一応は羨んでいるように見せて、しかし本音は〈どうでもよろしい〉なのだ。同じ言葉であっても、京都人どうしなら、その意味合いが違うと分かる。

そして、京言葉には同じように聞こえて、しかし微妙にその使われ方が異なる言葉もある。京都を訪れる旅人が必ず一度は聞く言葉。〈おいでやす〉と〈おこしやす〉だ。評判を聞いて訪ねてみた割烹。予約はしていないが、外から見ると空席が目立つ。思い切って入ってみた。

―おいでやす―

カウンターの中から主人が声を掛けてきた。

―すみません。予約していないのですがお願いできますか―

―すんまへんなぁ、今日はあいにく予約で満席になってまして―

割烹着姿の女将が出てきて頭を下げた。仕方なく外に出ようとして、入れ替わりに店へ入っていった客がいた。

―おこしやす。ようこそ―

女将の明るい声が聞こえてきた。

と、京都に古くからある店なら、こう使い分ける。

〈おいでやす〉は、店に入ってきた客すべてに掛ける言葉。〈おこしやす〉は、ようこそよく来ていただきました、という歓迎の言葉。

ふたつの言葉は、どちらも歓迎しているように聞こえるところがミソ。〈おいでやす〉という言葉をかけられて気を悪くする客はいない。しかしそこには明確な区別があり、〈おこしやす〉とは言ってもらえないのだ。

京都の店で差別を受けることはないが、区別されることはよくあること。しかしその区別を客に気付かせないという配慮は、いかにも京都らしい。

こういう細かな区別をして、京都人は〈イケズ〉だというふうにも言われるが、決してそうではなく、**相手を傷つけることなく、自分も傷つかずに済む方便を練り上げてきた結果**だということを理解しないと、京都人気質の本当のところは分からないし、きっと〈京都ぎらい〉になってしまう。

京都旅を愉しむ最大のコツは、京言葉に慣れ親しむことにある。

43

お寿司を食べるなら――「江戸前握り」「棒寿司」どっち?

京都と寿司。ミスマッチととらえる向きはきっと多いことだろう。〈京都は海から遠い〉。鱧料理のように、それを逆手にとって、巧みに独自の魚料理を作り上げてきたのが京都という地。新鮮な魚あっての寿司と、海から遠い京都は縁が薄い。そう思われがちだが。

それもしかし、今は昔。流通事情が格段に進歩した現代においては、海からの距離はさほどのハンディにはならない。**京都の街なかでも、美味しい江戸前鮨をたべさせてくれる店は何軒もある。**

花見小路四条を下って、細道を西に入った辺りに瀟洒《しょうしゃ》な暖簾を上げる**「鮨まつもと」**地図B は、本格的な江戸前鮨を京都に持ち込んだ先駆けとして知られ、仏光寺通の高倉を東に入ったところに店を構える**「ひご久」**地図Cは、京町家の風情を愉しみながら本格江戸前鮨を味わえる。洛北下鴨の住宅街にあって、隠れ家のような小さな店で江戸前握りをゆっくりと堪能できる**「鮨かわの」**地図Aは、まだ新しい店ながら、地元京都人に愛される鮨屋。

東京のように何軒も人気店があるわけではなく、港町金沢や博多のように、若手鮨職人が次々と店を開くような活気はないものの、京都の江戸前鮨は着実に根付き、京都で鮨を食べる愉しみを与えてくれている。

それをも踏まえた上で、棒寿司と握り寿司のどちらを、と問われれば、やはり前者ということになるだろうか。

今や京名物としても名高い鯖寿司、夏の鱧料理の王者ともいえる鱧寿司。棒寿司の両雄といえば、このふたつを挙げて誰にも異論はないだろう。

老舗「いづう」地図Bをはじめとして、鯖寿司を商う店は多く、それぞれにファンが付いている。鯖の〆加減、厚み、酢飯の加減、店は個性を競い合う。

鯖寿司は、よく〆たほうが好きか、生っぽいほうがいいか、好みをお聞きしてからお奨めしたほうがいいだろうと思うので、あえて店名は出さない。

デパ地下の売り場には、各店の鯖寿司が並んでいるから、半本、あるいは何切れかがパックになったものを求めて、試してみるのもいい。鯖寿司ほど個性が出る寿司は他にないだろうと思うほど、どれひとつとして、同じ味のものはない。

一方で、夏の鱧寿司は期間が限られているせいもあって、かなり値が張る。最低でも鯖寿司の二倍以上の値段になるので、なかなか手が出ないが、夏の間に一度は食べたいもの。

棒寿司の他にも京都らしい寿司があって、それは箱寿司。

大阪寿司とも呼ばれ、発祥は大阪とされているが、京都にもこれを得意とする店は少なくなく、その味と、見た目の美しさを競い合っている。

一番のお奨めは「いづ重」[地図B]**。**祇園石段下の交差点角近くにあって、時分どきには行列ができたりもする人気店だが、持ち帰りならあらかじめ頼んでおくと待たずに済む。

この店の箱寿司の特徴は、季節ごとに変わりネタがあること。穴子や海老、白身といった定番以外に、秋には松茸なども箱寿司にされ、風情も満点。

いなり寿司、太巻き寿司をはじめ、京都らしく幾分甘めに味付けされた酢飯の加減がよく、ついつい食べすぎてしまうほど。京都ならではのお寿司を、と言われたら真っ先にこの店をお奨めしている。

京都ならではの寿司、と言って、冬限定ながら、これほどに京都らしい寿司は他にない。そう断言できるのが〈蒸し寿司〉。

―寿司を蒸す？―

食べたことがない人は、たいていいぶかしむが、一度食べると必ずまた食べたくなるほど美味しい寿司。分かりやすく言えば、ちらし寿司を熱々に蒸したもの。**〈蒸し寿司〉を食べるなら、寺町二条の「末廣」**地図Cと僕は決めている。

真冬の寒い日。待つこと二十分ほど。蓋付茶碗は触れないほど熱い。刻み穴子がたっぷり入った酢飯に錦糸卵、海老、烏賊などが載る。〈蒸し寿司〉は熱くて旨い。

棒寿司と握り寿司のどちらを、と問われれば、やはり前者。

44

冬の京漬物なら——「すぐき漬」「千枚漬」どっち？

京土産として根強い人気を誇る**〈京漬物〉**だが、はたして何をもってして〈京漬物〉というレッテルを貼れるのか。

実はこれは、京都府漬物協同組合が商標登録しているもので、その指定役務は〈京都府産の野菜の漬物〉とされている。

つまりは、京都府内で収穫された野菜を使えば、どこで作っても〈京漬物〉になる。四国で漬けようが、東北でも、外国で漬けても〈京漬物〉を名乗れることになる。

一方で—〈京都で漬けたもの〉を〈京漬物〉と呼ぶ—という説もあり、つまりは極めてあいまいなものとなっている。これはしかし、ただ〈京漬物〉に限ったことではなく、頭に〈京〉を冠した食品全体に言えることでもある。

たとえば〈京菓子〉という菓子にしても、組合のホームページには起源や歴史について記述してあっても、定義にまでは触れていない。つまりは、どこで誰が、どんな材料を使って作った菓子でも、それを〈京菓子〉と名付けても否定はできないことになる。ことほどさように、〈京〉を冠した食品は定義があいまいだということを、ご承知おきいただきたい。

さて、その〈京漬物〉に**〈京の三大漬物〉**なるものが制定されていることを、最近になって知った。**〈すぐき〉〈千枚漬〉〈しば漬〉**の三つをそう呼ぶそうで、どういう根拠でこの三つが選ばれたのかは分からないが、なかなかいいセレクトだとは思う。年間を通じて売られている〈しば漬〉以外は、どちらも冬の名産品であることが興味深い。

お茶漬けさらさら、という言葉が似合うのは夏であり、暑さで食欲が落ちる夏場でも、漬物さえあれば、お茶漬けを食べてなんとかしのげる。そんなイメージがあるせいか、漬物のシーズンは夏場だと思われがちだが、少なくとも京都において、漬物が最も輝く季節は冬である。

関西ではたいていが漬物と呼ぶが、他の地域では〈香の物〉という呼び方をすることが多く、この〈香〉は元来味噌を指すもので、つまりは味噌漬けなども含めての呼称であり、京都でいう漬物とは、ニュアンスが異なる。

今では混在しているが、かつて京都で漬物と言えば、乳酸発酵させたものを指した。その意味で〈京の三大漬物〉はすべて乳酸発酵させた漬物なので、至極真っ当なセレクトだと言える。

〈千枚漬〉は、聖護院蕪《しょうごいんかぶら》を薄く切り、塩漬けし、昆布や酢で味を付けたもので、昆布から出るぬめりが独特の食感を生み、雪のような白さと、甘酸っぱい味わいは万人に向く。元祖的存在である「大藤」地図C の〈千枚漬〉は甘すぎず、昆布の粘り加減も頃合いで、酒のアテにも、ご飯の友にも最適の味わいだ。

こと〈千枚漬〉に限ったことではないが、最近はやたらと食品を甘くする傾向があり、しかもそれが人工的な甘みを舌に感じさせることが多く、げんなりさせられる。「大藤」の〈千枚漬〉をお奨めする所以である。

〈すぐき漬〉は、すぐき菜の葉と蕪を塩漬けしたものを室《むろ》の中で八日間発酵させて作る。べっこう色の蕪は強めの酸味を特徴とし、これを苦手とする子どもは少なくない。言ってみれば、おとなの漬物。少し漬かりすぎかと思えるくらいがちょうどいい。蕪をいくらか厚めにスライスし、葉っぱのほうは細かく刻む。これに合う酒はスコッチだったりするが、もちろんご飯にもよく合う。

蕪には少し醤油をたらし、白いご飯に刻んだ葉を載せ、これを蕪で包むようにして食べると、実にさっぱりとした味わいで、酒席の〆には最高のご馳走となる。

〈すぐき漬〉は洛北上賀茂の特産品として知られ、その代表とも言えるのが地図A「御すぐき處京都なり田」。「上賀茂神社」のすぐ傍らにあって、一八〇四年創業の老舗漬物店。

冬に旬を迎える〈千枚漬〉と〈すぐき漬〉は、京都人にとって、お節料理の箸休めに恰好の食でもあり、それゆえ歳暮の贈答品としても重用される。子どもは〈千枚漬〉、おとなは〈すぐき漬〉を愉しむというのが京都の正月風景である。

京都では、子どもは〈千枚漬〉、おとなは〈すぐき漬〉を愉しむ。

45

いっぷくするなら——「喫茶店」「カフェ」どっち？

ほとんどのガイドブックでは、喫茶店とカフェをひとつにくくって紹介しているが、それは少し乱暴なのではないかと常々思っている。似たようなジャンルではあるが、根本的な違いがある。

そもそも、今ふうのカフェという存在は、最近になって出てきたもので、古くカフェと呼ばれた店は、女性が接待するような夜の店だったという。

正確に言うならカフェー、となるだろうが、女給という言葉があった時代の店形態。一時は警察の管轄下に置かれるような風俗営業だった。明治生まれの祖父などは、カフェと看板に書かれた店は、たとえそれがコーヒーショップであっても、足早に通りすぎるほどさけるべき存在としていた。

時代が変われば、その形も変わる。今は健康的な明るさがないとカフェとは呼ばない。多くの喫茶店が今も店内の喫煙を可としているのに対し、ほとんどのカフェは禁煙。コーヒーや紅茶は有機農法の素材にこだわり、自然食品を売るコーナーがあったりと、ナチュラル志向も今どきのカフェの傾向。

その流れにあらがうように、喫茶店は昔ながらのスタイルを保ち続けている。

喫茶店と呼ばれる店には、たいていテーブルに灰皿が置いてあり、喫煙については鷹揚《おうよう》な姿勢を見せる。毒々しい色合いのクリームソーダなんていう飲物があったりするし、コーヒーだって淹れ方には一家言あっても、有機栽培かどうかにはさほどこだわる様子も見られない。

カフェの多くは外光がふんだんに入り、オープンエアのテラス席が備えられた店も少なくない。店のスタッフもＴシャツにエプロンといったカジュアルな出で立ち。壁に飾られているのはモノクロ写真か、パステルカラーの水彩画。どこまでも軽い。

片や喫茶店はといえば、外光を嫌う店も多く、茶色い壁に小さな窓。薄暗い店内に飾られるのは、重厚な額に入った油絵。マスターは白いシャツに蝶ネクタイ。ＢＧＭ

はクラシックかジャズ。どこまでも重い。

健康志向ならカフェ。雰囲気重視なら喫茶店。そんな棲み分けが京都らしい。

お奨めしたいのは喫茶店なのだが、たばこの煙だけは何とかしてほしいもので、喫煙コーナーを作って、店内は禁煙にできないものだろうか。昨今のファッショに近い嫌煙ブームは、明らかに行き過ぎだと思うが、紫煙で店の中に霞がかかるほども困る。それさえなければ、京都らしさという意味で、喫茶店に軍配を上げたい。

喫茶店に行くなら、朝は九時前後、昼は午後二時ころがお奨め。経験上、この時間帯が最も喫煙者が少ない。

京都らしい喫茶店としてのお奨めは、コーヒーを珈琲と漢字で書く店。「前田珈琲」地図C**や「高木珈琲店」**地図C**など。**「前田珈琲」の本店に近い〈明倫店〉は完全禁煙なのが嬉しい。二十年以上も前に閉校した小学校を改装した店は、懐かしさとともに薫り高い珈琲が愉しめる。

「高木珈琲店」は残念ながら喫煙可の店だが、ここはフードも魅力的で、イタリアンスパゲティなどは専門店顔負けの味で、僕は昼休みを避けて、早めのランチにしている。

喫茶店の魅力に、フードの充実がある。無論のことカフェもフードに力を入れている店も少なくないが、それらもまたナチュラル志向で、健康的を前面に打ち出したワンプレートだったりするが、どうにも食指が動かない。それに比べて喫茶店のフードは昔ながらのもので、馴染みの深いメニューがほとんど。

フード充実の喫茶店で一番のお奨めは「喫茶チロル」地図C**。**世界文化遺産にも登録されている「二条城」や、祇園祭発祥の地とされる「神泉苑」のすぐ近くにあって、ランチには恰好のフードメニューがずらりと並ぶ。

〈チロル特製カレー〉だけでも数種類揃っていて、〈カツカレー〉や〈生たまご入り〉といったポピュラーなものから、〈ハムカツカレー〉などの変わり種まであるのが愉しい。ここで**一番お奨めしたいのは、〈カレースパゲティ〉。**ありそうで意外にないメニュー。目玉焼きをトッピング。喫茶店らしくボリューム満点。大満足のランチになる。

京都らしさという意味では、喫茶店に軍配を上げたい。

46

京都の夜を愉しむなら――「居酒屋」「バル」どっち？

居酒屋というのは、京都に限らず、古くから存在しているものだが、バルというものは、近年になって急激に増えてきた形態なので、どういう店を指してバルと呼ぶのかが、今少しよく分からない。バールから派生したものだとは思うが、特にスパニッシュに限ったものではないようだし、加えて最近では〈街バル〉などという言葉もあり、つまりは気軽な洋風居酒屋ということなのだろう。

ということであれば、この質問は和風の飲み屋か、洋風の飲み屋か、という問いかけに置き換えてもいいいようだ。

京都という街は日本文化の象徴であり、何しろ〈日本に京都があってよかった〉と自賛するくらいだから、夜も当然和食となり、居酒屋の圧倒的な勝利に終わる。

京都の居酒屋といって、オーソドックスな老舗居酒屋から、〈角打ち〉まで様々だが、**京都らしい雰囲気を味わうなら「神馬」**地図C**などの正統派居酒屋が一番。**かつては、三条京阪の近くに、「伏見」なんていう渋い居酒屋があったのだが、惜しくも店を閉めてしまい、今や酒徒の人気を独占している感があるのが**「神馬《しんめ》」**。

千本通の中立売《なかだちうり》を上った辺りの西側。西陣の旦那衆が通い詰めるような、隠れた人気店だったが、近年は観光客の姿もよく見かけるようになり、予約が必須となってしまったのは残念だ。

料亭や割烹なら仕方ないが、居酒屋は、できることならふらりと立ち寄りたいもの。とは言え、この「神馬」は料理の充実度が半端ではないので、**割烹使いすることも充分可能**だ。僕などは五時の開店と同時に店に入り、飲んで食べてを繰り返し、九時半の閉店まで居座っていたことがあるほど。それでも品書きの中で食べたいものの、一割にも満たない。周りの壁に貼りめぐらされ、ホワイトボードを埋め尽くすメニューは、それを見ているだけでも愉しい。

同じく人気は高いが、ふらりと立ち寄って、ひとりやふたりなら席があるのは**「月**地図C

村」。

西木屋町の四条を下った辺り。車も通らぬ細道にあって、昔ながらの佇まいを保ち、古き佳き時代の居酒屋として、**「月村」**は貴重な存在である。

「神馬」に比べると、ずいぶんと品数は少なく、壁に掛けられた黒札から、いくつか一品を選び、最後は店の名物〈釜めし〉でメるというのが「月村」流。今ふうの言葉で言えば、おとなの居酒屋。

「神馬」にしても、「月村」にせよ、高歌放吟は厳に慎むべき居酒屋で、若山牧水ではないが――酒はしずかに飲むべかりけり――が好ましい店。もう少し気楽に、若い人でも入りやすい店もあって、それは**「まんざら亭」**というローカルチェーンの居酒屋だ。

京都で「まんざら亭」と言って知らない人はいないだろうチェーン店は、その歴史も浅くなく、かれこれ四十年近い付き合いになる。洛北西賀茂の地で創業し、今では京都市内に十を数える店舗を展開している。中で、**僕の一番のお奨めは「まんざら亭**（地図C）**烏丸七条」**。

京都駅中央口から歩いて五分ほど。店は七条通に面しているのだが、入口はひと筋南の細道にしかなく、隠れ家感に満ちている。

入口から入って突き当たりにあるカウンター席がお奨め。基本は和食だが、枠にとらわれず、洋食や中華のエッセンスも取り入れ、いたって気軽な雰囲気の中で、至極真っ当な料理を食べられる、界隈では貴重な店。

僕はいつもカウンター席の端っこに座り、スパークリングワインを片手に、定番、日替わりメニューの中から、あれやこれやと選んで、じっくりと居酒屋時間を愉しんでいる。品数はきわめて豊富で、どれも安くて美味しい。最初に出される〈お通し〉もおざなりでなく、酒が進むことこの上ない。

心地よい接客も相まって、長居必須の店。〆はたいてい〈釜めし〉。居酒屋と言っては失礼になるかと思うほど、料理もていねいで、サービスも行き届いている。京都駅近くの隠れ家居酒屋。強くお奨めしたい。


京都は夜も当然和食がよく、居酒屋の圧倒的な勝利。

47

京都で新緑を愉しむなら——「屋外」「室内」どっち？

常識的に考えれば、新緑は、自然豊かな屋外のほうが勝っているはずで、室内からの新緑といっても、それはあくまでフィルターを通しての眺めであり、屋外より鮮やかに見えるとは思えない。しかしながら、そうとも言いきれないのが、京都の京都たる所以。

澄んだ空気に包まれる郊外の新緑。緑の中に身を置いて、は当然のこと。部屋の中から眺める新緑は、その趣向もあって、ひと味もふた味も違う愉しみがある。

洛北岩倉に**「実相院」**地図A という門跡寺院がある。八百年近くも前に洛北紫野で創建され、その後「京都御所」近くに移転し、今の場所に寺地を定めたのは、応仁の乱の戦火から逃れるためだったという。

その歴史も古く、天皇家ゆかりの由緒正しい寺だが、ここには少しばかり珍しい新緑の眺めがあって、その名もゆかしく〈床みどり〉という。

〈床みどり〉。床にみどり。はて、それはどういうものかと言えば、床に映り込んだ庭の緑を愉しむ、という仕掛け。

百聞は一見に如かず。こればかりは実際に自分の目で見てみないと分からない。

門跡寺院であることもその一因となっているのだろう。〈滝の間〉の黒い板張りの床は、徹底的に磨きこまれていて、まるで鏡のように輝いている。

もうお分かりになっただろうか。つまりは**庭園と、その奥に広がる緑が、お堂の床に映ることを〈床みどり〉と呼んでいる**のだ。

いくら磨きこんだからといって、お堂の床板に庭の緑が映るものだろうか。きっと誰もがいぶかしむ。疑いを持つ。しかしそれを目の当たりにすれば、その疑念は一気に吹っ飛ぶ。それほどに圧倒的な迫力を持って目に訴えてくるのが〈床みどり〉。

この寺には庭がふたつあって、ひとつはこの緑を映し込む、池泉回遊式庭園で、もうひとつは枯山水庭園。それぞれ趣きが異なり、日本庭園の美しさを両面から愉しめるのがありがたい。

さて、この〈床みどり〉。当然のことながら、**秋には〈床もみじ〉となり、黒い床が真っ赤に染まるさまは圧巻としか言いようがない。**ひと目見ようとして詰めかけた人たちは、まず歓声を上げ、そしてため息をつく。

そのあまりの美しさに目を奪われてしまい、なぜただの床がそんなに美しく変化するのか、にまで考えが及ばないのは実に惜しいことである。

世の中には黒い床板などいくらもあり、その近くに緑があることなど、珍しくもなんともない。しかしながら、どこにでも〈床みどり〉が現れるものではない。

寺において、掃除は大切な修行のひとつ。日々怠りなく拭き掃除をし、磨きこんでこその〈床みどり〉であり〈床もみじ〉だということを忘れてはなるまい。

自然が織りなす風景は美しい。だがそこに人の手が加わることで、更なる輝きを増すことも少なくない。

〈手入れ〉とは本当にうまく言ったもので、大自然に少しばかりの手を入れることで、思いもよらぬ美しい光景が生み出される。寺や神社の庭を見て、その美しさだけに見とれるのではなく、それを生み出している、人の手にも思いを寄せることで、美しさはより一層際立つ。

紅葉の項でも紹介した、洛西の「鹿王院」地図D。山門をくぐってすぐ、長く細く続く、緑の参道の美しさも尋常ではない。まっすぐに続いているようで、しかし緩やかに、斜めに石畳の道が奥へと延び、両側から青もみじの葉が覆いかぶさってくる。それは、参拝客の歩みを邪魔しない程度に、絶妙な長さに刈られていて、それが訪ねる度に同じだということは、どれほど頻繁に手が入れられているか、を明らかにしている。

山道に深く分け行って、自然が作り上げた、ありのままの新緑も、もちろんそれはそれで美しいものだが、京都においては、そこにわずかばかりの人の手が入ることで、趣きの異なる光景を見せてくれる。屋外でも、室内からでも、それをつぶさにたしかめることができる。京都の新緑はことのほか美しい。

部屋の中から眺める新緑は、ひと味もふた味も違う愉しみがある。

48

京の魔界を代表するのは――「小野篁《おののたかむら》」「安倍晴明」どっち？

京都は街そのものが魔界だと言える。

千二百年以上も前に都が置かれ、多くの人が集まり、暮らし、そして戦をする。となれば、当然のことながら、そこには無念の死を遂げた人もいれば、この世に未練を残す人たちも少なくない。

京の都ほど、数多く戦の場となった土地はほかにない。時の権力者が覇権を競い、その背後に控える戦士たちは、繰り返し戦を交え、その度に多くのむくろが都にあふれた。

蓮台野、もしくは紫野。あるいは化野。今は風光明媚な土地だが、かつて、地名に〈野〉が付くところは風葬の地だったと言われる。そしてその〈野〉が付く地名ながら、いつしか消え去ってしまったのが鳥辺野。

「清水寺」の南西から五条坂辺りに広がる丘陵地を、鳥辺野と呼び、京都でも最も大規模な風葬地、墓地だったという。

戦、病、事故、老衰などによって亡くなった人々の亡骸を、洛中から鳥辺野へと運んでいく。疫病が流行したときなどは、その列が途切れることなく延々と続き、目指す鳥辺野まで辿り着けずに、あきらめて途中の道端で亡骸を置いて帰ることも珍しくなかったと言われる。その名残は今も地名に残されていて、松原通の東大路通から西に入った辺りにある轆轤町《ろくろちょう》がそれ。

清水焼の窯元が近くだから轆轤町という町名は、至極当たり前に思えるが、これは後の時代になって改名されたもので、元は髑髏町《どくろちょう》だったという。字面も読みもよく似ているが、轆轤と髑髏では全く意味合いが異なる。

想像したくもないが、古くこの界隈には鳥辺野まで辿り着けなかった髑髏が散乱していて、それゆえ付いた町名だったと伝わっている。

そしてそのすぐ近くにあるのが**「六道珍皇寺」**地図B**。あの世とこの世の境界線にある寺だ。**

普段は静かな寺だが、盂蘭盆会《うらぼんえ》になると〈六道まいり〉の参拝客で長い行列ができる。お盆に帰ってこられるご先祖さまをお迎えしようと、迎え鐘を撞く。あの世がすぐ傍らにあるからこその〈六道まいり〉。

この寺には小野篁作と伝わる、木像の閻魔大王像があり、篁の等身大像とともに、〈閻魔堂〉に安置されている。この**小野篁**こそ、京都の魔界を代表する人物なのである。昼間は役人として朝廷に仕え、夜ともなると冥界へ通い、閻魔大王の助手を務めていたと言われている。

その冥界、つまり地獄へは「六道珍皇寺」の井戸を伝って行ったと伝わり、その井戸は今も境内に残っている。

ちなみに冥界からこの世に戻ってくるときは、どういう道筋を辿ったかと言えば、都を東西に横切り、今はなき嵯峨「福生寺」の井戸を使ったという。今は嵯峨「清凉寺」の西門近くに〈生の六道〉と刻まれた石碑が建つのみだが、冥土への入口は東山のふもと、出口は西山のふもとにあったのだから、京の街の地下には冥土が東西に広がっていたのだろう。

小野篁と並んで、京都魔界のスーパースターと称されるのが**安倍晴明**。卓越した知識を持つ陰陽師は、朝廷や平安貴族の信頼も厚く、〈今昔物語集〉や〈平家物語〉にその名が記されるほどの著名人であり、その屋敷跡に建つ「晴明神社」は、京都魔界の象徴として、多くの参拝客が訪れる名所ともなっている。

しかしながら、安倍晴明に歴史に残るような言動があったかと言えば、これがどうにも不確かで、たとえそれが架空の話であっても、地獄を行き来していた小野篁と比べると見劣りしてしまう。

若い人たちを中心にして人気を博す晴明は、物語によって増幅されたイメージを背負っているようで、それを象徴するかのように、墓地は嵐山渡月橋近くにひっそりと佇んでいる。一方で小野篁の墓所は堀川北大路近くにあり、なぜか紫式部の墓と並んでいる。紫野にきちんと葬られたのだろうか。その謎を辿るのも愉しい。

京都は街そのものが〝魔界〟だといえる。

49

京都で信頼できる店情報は──「ネット情報」「情報誌」どっち？

これはすぐに答えが出る。どちらも信頼に足るものではない。

ここでいう**〈ネット情報〉**は主にブロガーが発信するものや、いわゆる口コミサイトでの情報を指すもので、グルメ関係の話だろうと思うが、ネットも情報誌も両方とも真に受けないほうがいい。

他の地域がどうなのかは分からないが、京都においては、プロもどきのブロガーが何人もいて、特定の店の宣伝係と化していることが少なくない。無論のこと、純粋に食べることが好きで、あちこち食べ歩いた成果をブログで発信している人のほうが多いのだが、前者のようなプロもどきブロガーは動きが派手なせいで、どうしても目立ってしまう。

真っ当で純粋なグルメブロガーとの見分け方は、そう難しくない。京都には飲食店が山ほどあるのに、いつも決まった店しか紹介しない。それも手放しで絶賛する。その時点で既に怪しむべきだが、**更に店側との親しさを強調していれば、完全にアウトだ。**

この手のプロもどきのブロガーは、店の主人やシェフにポーズを取らせて写真を撮ったり、名前をちゃん付けで呼んだり、愛称を付けたりして、自分がいかにその店と親しいかを見せつける。そういうブロガーの中には、店とコンサル契約を結んで、ブログを使ってコマーシャルしている輩もいるから要注意だ。

では情報誌はどうか、と言えば、こちらはもっと分かりやすい。**店の情報を載せているように見えて、たいていは宣伝だと思ったほうがいい。**

こんなにたくさんの店が必要なのかと思うほど、京都には次々と新しい店ができる。そのほとんどは、他地域からの参入組で、資産家が出資し、店の運営は、若手料理人をスカウトしてきたコンサルタント会社に任せる。

個人の店と違って、この手の店は宣伝が得意で、必ず事前に情報誌の編集者とコンタクトを取り、オープニングレセプションに招待し、飲み食いさせる。その結果が情報誌に掲載される新店情報なのである。褒めちぎるのも当然のことだろう。

ネット情報も、情報誌も信用できない、というのは、どちらも店側に偏り過ぎているからである。店が発信していることを鵜呑みにし、それを情報として垂れ流す。どう考えても真っ当とは思えない。

最近ではブロガーもコンサルタント会社の標的となり、レセプションに招待する。その結果を嬉々としてブログで報告するうち、自分が特別な存在だと思うに至り、ついにはコンサルまで引き受けてしまう。そんな人間の奨める店など信頼できるわけがない。

では、どういう方法で、いい店を捜しだせばいいか。**良い悪いではなく、好き嫌いで、情報を見ることだ。簡単に言えば画像だけを見て、そこに書かれている言葉は雑音だと考えて無視すること。**

口コミサイトでもブログでも、料理はもちろん、店の内外の写真もたくさん掲載されている。それらを見て、美味しそう、と思ったり、この店に行きたい、と直感的に感じた店に行ってみるのが正しい。

文章は嘘をつくことがあっても、写真は嘘をつかない。正直だ。文章を書く僕が言うのだから間違いない。

そうして食べに行った店が気に入れば、何度も通うことだ。店と客の関係は通うことによって密になる。そしてお気に入りの店になれば、そこの主人なり女将さんなりに、お奨めの店を紹介してもらう。これは実に有効な方法なので、繰り返し書いているが、自分の好みを理解してくれている料理人に紹介してもらえば、きっとそこもお気に入りになるはず。

美辞麗句にだまされないようにすべし。それが京都の店選びの秘訣。

50

京都人が大事にする食は——「旬」「走り」どっち？

食材にはそれぞれ季節があり、その出盛りの時期を〈旬〉と呼び、最も美味しい期間とされている。おおむね〈旬〉というものは至極短い期間で、よほど注意深く見ていないと通り過ぎてしまう。だからこそ貴重なのではあるが。

〈旬〉は短いが、その食を愉しめる時間は少しばかり長い。

〈旬〉に先駆けて訪れるのが〈走り〉、〈旬〉に遅れてやってくるのは〈名残〉。つまり多くの食材は、〈走り〉から始まって、やがて〈旬〉を迎え、〈名残〉へと続いてゆく。

〈走り〉を最も尊ぶのは江戸っ子だろう。初鰹などがその好例。あるいは江戸前握り鮨のシンコ。まだコハダに成りきらない小さな魚を何貫も重ねて握る。やがてやってくる夏の前触れとして、江戸っ子にシンコは欠かせない。季節の訪れを早めに感じ取りたいのが江戸っ子の倣い。

誰よりも先に食べたい。人に先んじて食べることが江戸の〈粋〉につながる。

だが、**京都において、〈走り〉はさほど喜ばれることはない。**

たとえばタケノコ。言うまでもなく春に〈旬〉を迎える食材だが、最近では正月が終わるか終わらないかというころ、早くも割烹の品書きに並ぶ。

―もうタケノコかいな。せわしないこっちゃ。どこのんや？―

―今朝、徳島から届いたんですわ。焼きましょか？―

―昨日まで雪が降っとったのに。まだタケノコを食う気分にはなれん。せめて梅でも咲かんことにはな―

かように**京都の口の肥えた旦那衆は〈走り〉を嫌う。**〈粋〉の逆、〈無粋〉だと思うからだ。

古くからの京言葉に**〈いちはなだって〉**という言葉がある。一端立って、は一番乗りという意味だが、多くそれは嘲笑の対象であり、〈いちびり〉〈おっちょこちょい〉の意を含んだ言葉だ。〈走り〉を食べることは〈いちはなだって〉となり、京都では誰うらやむことがない。

だが隣に座る、東京からの客は喜んでそれを注文する。江戸と京都では、〈粋〉の考え方が根本的に違うのである。

京都人が慈しんで食べるのは〈名残〉。

〈旬〉を過ぎ、果てる間際まで旨みを湛える食を愛してこその京都人。

鮎にたとえれば、初夏の若鮎もいいが、秋の落ち鮎も愛してやまない。子が腹からはみ出して、年魚の最後を迎えようとする鮎を慈しんで食べる。

散り際の美学であり、名残を惜しむ心根でもある。

—今年も長いこと、鮎には愉しませてもろたな。また来年もよろしゅう頼みまっせ—

そう言って、残った骨をていねいに整える。それはまるで、身内のお骨を拾うかのような仕草である。

本書で何度も書いてきたように、京の都は絶え間なく戦の地を余儀なくされ、その度に多くの犠牲者を出してきた。つい昨日まで語りあってきた隣人が、今日は亡骸となって葬られることも、決して珍しいことではない。都にあっては、長く生き延びることが、何より尊いこととされ、永らえた命に対する敬意が自然と芽生えたのだろう。ものの始まりよりも、終わる時間を大切にしたのが京都という街。

それは客の接遇にも表れる。

客を迎えるに、大仰な仕掛けを好まないのが京都人。近頃流行りのサプライズとやらにも、大して重きを置くことはない。通い詰めた常連客でも、一見客であっても、さりげなく迎え入れ、いつもと同じく、淡々ともてなし、分け隔てすることなく接する。

店にとっても、客にとっても、最も大切なのは、店を出た後のこと。帰路につく客を店の主人が、女将が見送る。それは客の姿が見えなくなるまで続き、互いに名残を惜しみ合う。次にまた出会う機会があるのか。なければ今生の別れとなる。そんな思いを込めてのお見送り。京都が名残を尊ぶにはわけがある。

京都人が慈しんで食べるのは〈名残〉。

京都広域図

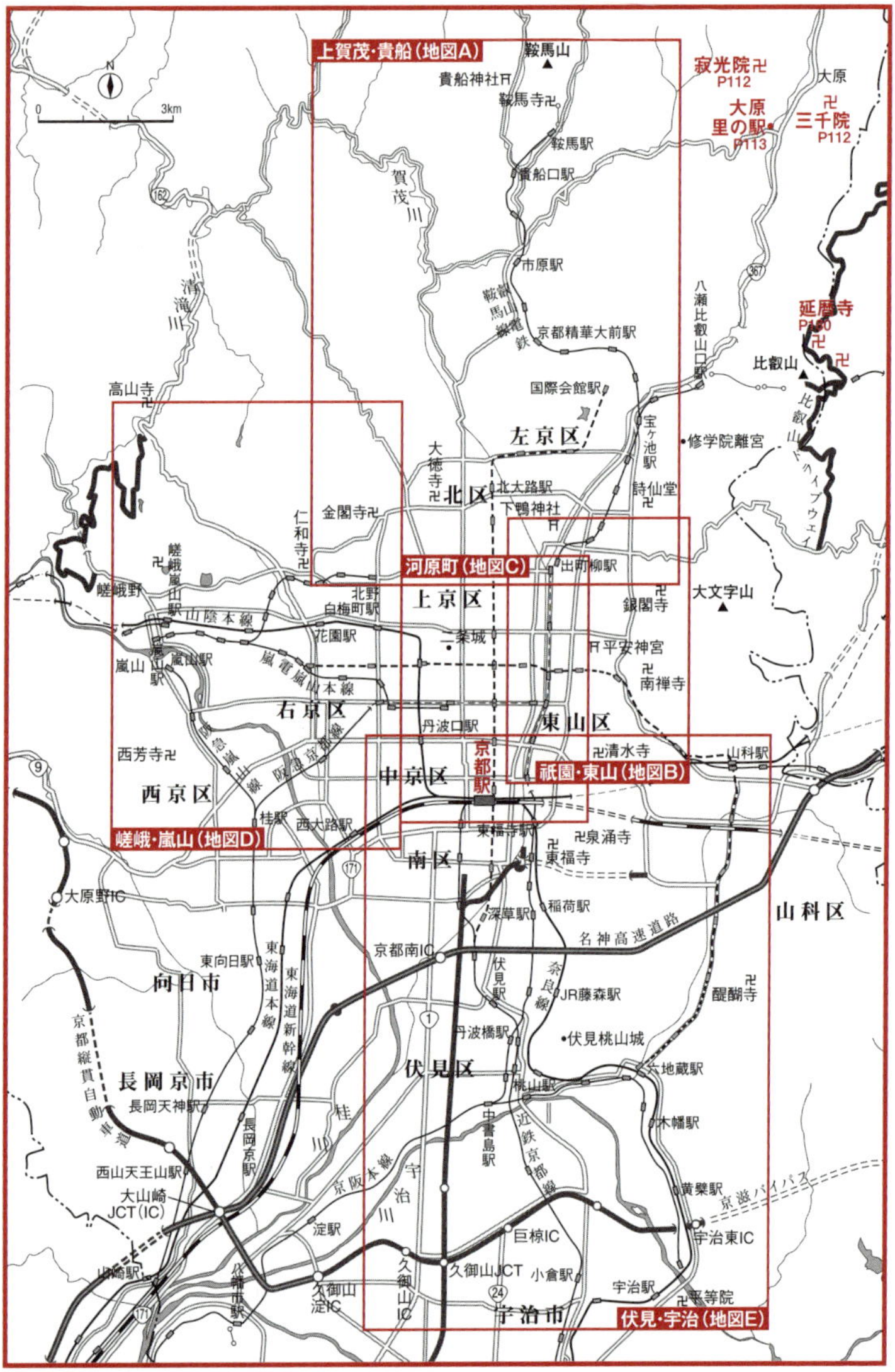
上賀茂・貴船（地図A）
祇園・東山（地図B）
河原町（地図C）
嵯峨・嵐山（地図D）
伏見・宇治（地図E）
寂光院 P112
大原
大原里の駅 P113
三千院 P112
延暦寺 P110
比叡山
鞍馬山
貴船神社
鞍馬寺
鞍馬駅
貴船口駅
市原駅
京都精華大前駅
国際会館駅
宝ケ池駅
修学院離宮
詩仙堂
左京区
北区
上京区
中京区
下京区
右京区
西京区
東山区
南区
伏見区
山科区
向日市
長岡京市
宇治市
大徳寺
北大路駅
下鴨神社
金閣寺
仁和寺
出町柳駅
銀閣寺
大文字山
平安神宮
南禅寺
二条城
丹波口駅
京都駅
清水寺
山科駅
高山寺
嵯峨野
嵯峨嵐山駅
嵐山駅
嵐山
西芳寺
桂駅
西大路駅
北野白梅町駅
花園駅
東福寺駅
泉涌寺
東福寺
深草駅
稲荷駅
京都南IC
名神高速道路
JR藤森駅
醍醐寺
伏見桃山城
丹波橋駅
桃山駅
六地蔵駅
木幡駅
黄檗駅
宇治東IC
巨椋IC
久御山JCT
小倉駅
宇治駅
平等院
淀駅
久御山淀IC
久御山IC
大山崎JCT（IC）
山崎駅
西山天王山駅
長岡天神駅
長岡京駅
東向日駅
大原野IC
京都縦貫自動車道
東海道本線
東海道新幹線
阪急京都線
阪急嵐山線
嵐電嵐山本線
山陰本線
京阪本線
近鉄京都線
奈良線
叡山電鉄鞍馬線
京滋バイパス
叡山ケーブル
八瀬比叡山口駅
清滝川
賀茂川
桂川
宇治川
中書島駅
伏見駅
八幡市駅
0 3km

〈地図A〉上賀茂・貴船エリア

〈地図B〉東山エリア

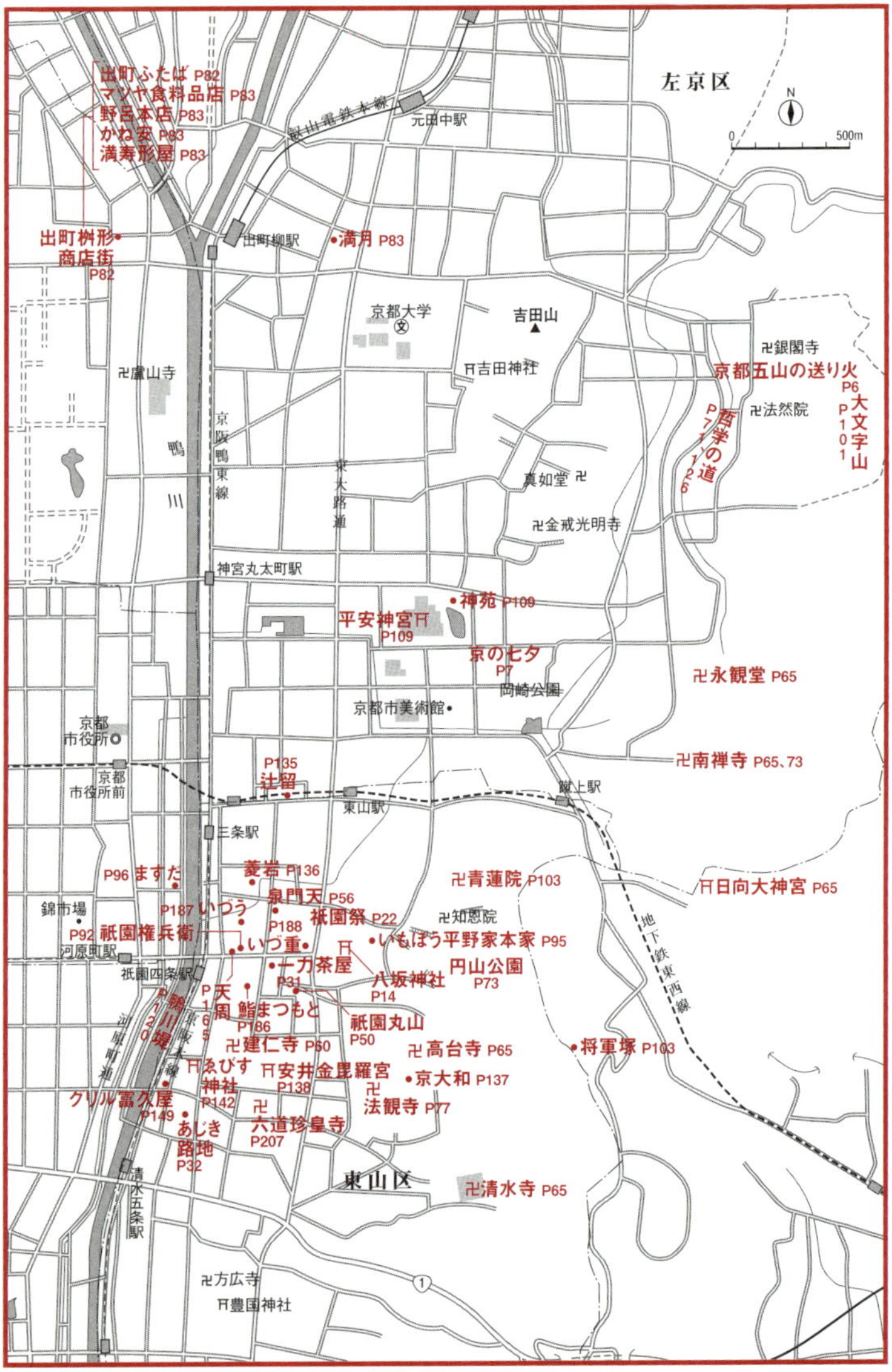

出町ふたば P82
マツヤ食料品店 P83
野呂本店 P83
かね安 P83
満寿形屋 P83
出町桝形商店街 P82
叡山電鉄本線
元田中駅
左京区
N
0
500m
出町柳駅
満月 P83
京都大学
吉田山
銀閣寺
吉田神社
京都五山の送り火 P6
大文字山 P101
哲学の道 P71・126
法然院
廬山寺
京阪鴨東線
鴨川
東大路通
真如堂
金戒光明寺
神宮丸太町駅
神苑 P109
平安神宮 P109
京の七夕 P7
岡崎公園
永観堂 P65
京都市美術館
京都市役所
南禅寺 P65、73
京都市役所前
P135 辻留
東山駅
蹴上駅
三条駅
菱岩 P136
P96 ますだ
青蓮院 P103
日向大神宮 P65
泉門天 P56
P187 いづう
錦市場
祇園祭 P22
知恩院
P188
P92 祇園権兵衛
いもぼう平野家本家 P95
河原町駅
いづ重
祇園四条駅
一力茶屋
八坂神社 P14
円山公園 P73
P31
地下鉄東西線
P120 鴨川堤
P165 天周
鮨まつもと P186
祇園丸山 P50
河原町通
京阪本線
建仁寺 P60
高台寺 P65
将軍塚 P103
ゑびす神社 P142
安井金毘羅宮 P138
京大和 P137
グリル富久屋 P149
法観寺 P77
あじき路地 P32
六道珍皇寺 P207
清水五条駅
東山区
清水寺 P65
方広寺
豊国神社
1

〈地図C〉河原町エリア

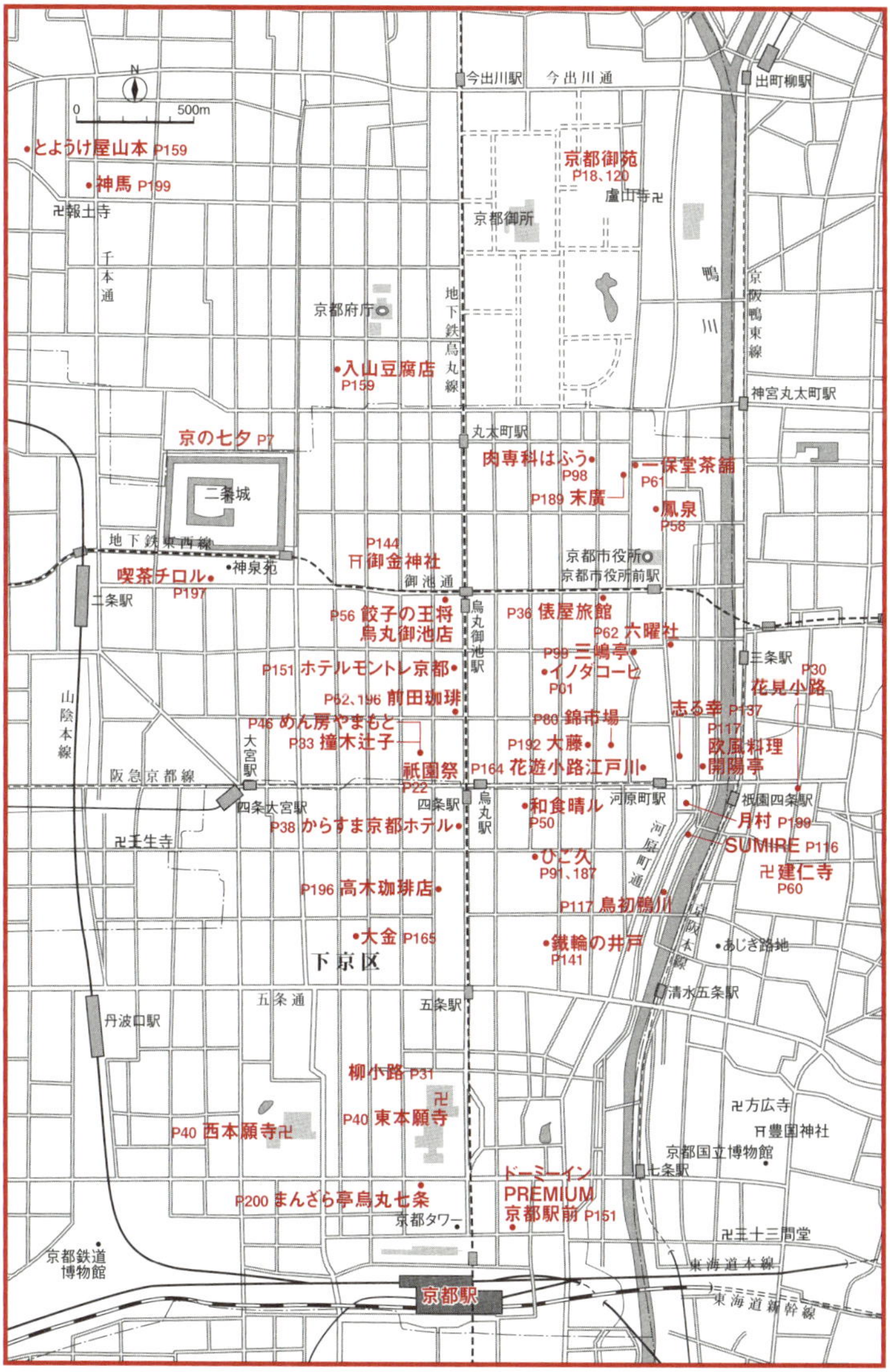
N
0 500m
今出川駅
今出川通
出町柳駅
とようけ屋山本 P159
神馬 P199
報土寺
京都御苑
P18、120
廬山寺
京都御所
千本通
鴨川
京阪鴨東線
京都府庁
地下鉄烏丸線
入山豆腐店
P159
神宮丸太町駅
京の七夕 P7
丸太町駅
肉専科はふう
P98
一保堂茶舗
P61
P189 末廣
二条城
鳳泉
P58
地下鉄東西線
P144
御金神社
京都市役所
京都市役所前駅
喫茶チロル
P197
神泉苑
御池通
二条駅
P56 餃子の王将
烏丸御池店
烏丸御池駅
P36 俵屋旅館
P62 六曜社
P99 三嶋亭
イノダコーヒ
P01
三条駅
P30
花見小路
P151 ホテルモントレ京都
P62、196 前田珈琲
山陰本線
P46 めん房やまもと
P33 撞木辻子
P80 錦市場
志る幸 P137
P117
欧風料理
開陽亭
P192 大藤
大宮駅
祇園祭
P22
P164 花遊小路江戸川
阪急京都線
四条大宮駅
四条駅
烏丸駅
河原町駅
祇園四条駅
和食晴ル
P50
月村 P199
SUMIRE P116
壬生寺
P38 からすま京都ホテル
ひご久
P91、187
河原町通
建仁寺
P60
P196 高木珈琲店
P117 鳥初鴨川
大金 P165
鐵輪の井戸
P141
京阪本線
あじき路地
下京区
五条通
五条駅
清水五条駅
丹波口駅
柳小路 P31
方広寺
P40 東本願寺
豊国神社
P40 西本願寺
京都国立博物館
七条駅
ドーミーイン
PREMIUM
京都駅前 P151
P200 まんざら亭烏丸七条
京都タワー
三十三間堂
京都鉄道
博物館
東海道本線
京都駅
東海道新幹線

〈地図D〉嵯峨・嵐山エリア

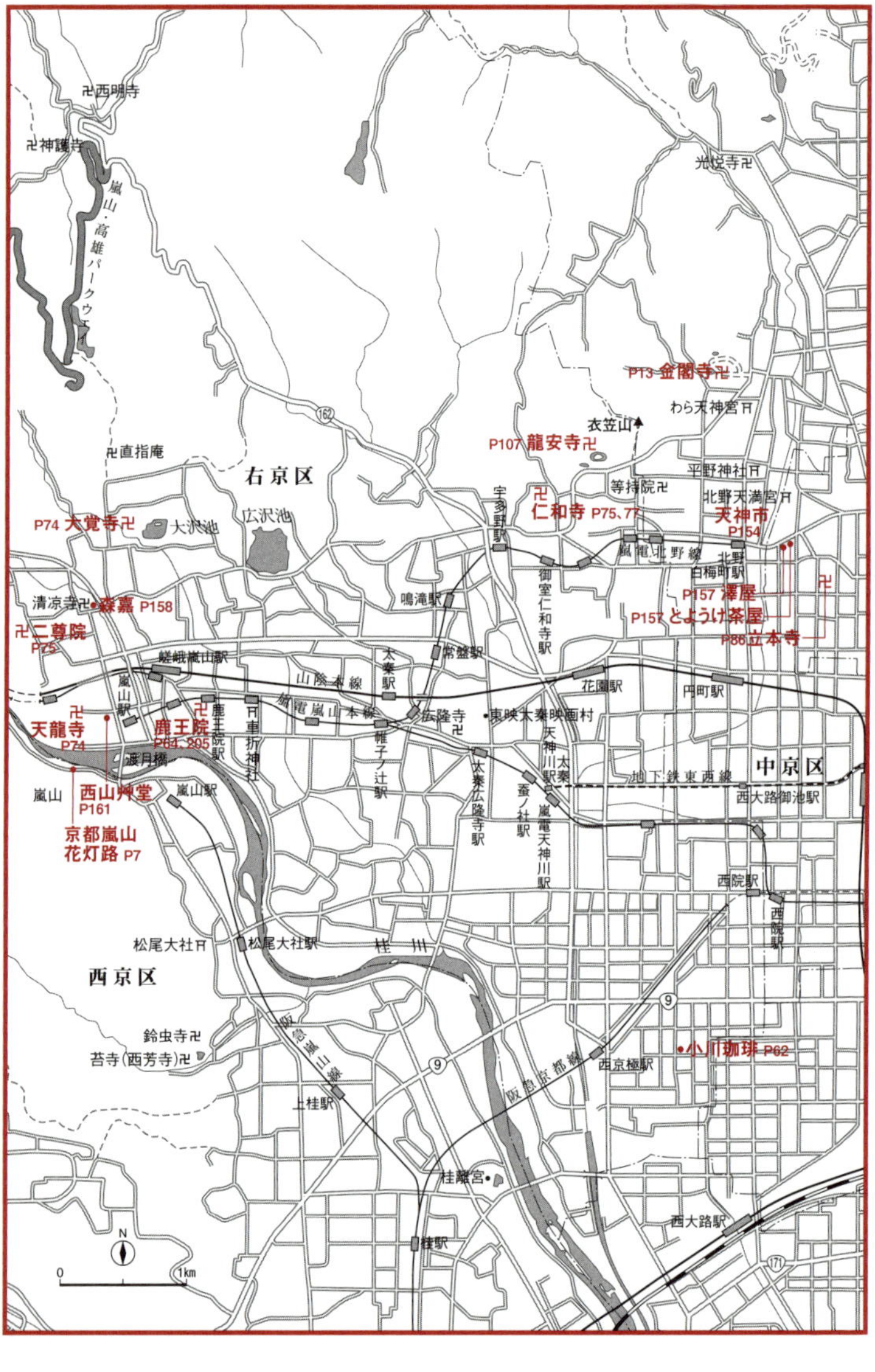

西明寺
神護寺
嵐山・高雄パークウエイ
光悦寺
P13 金閣寺
わら天神宮
衣笠山
162
P107 龍安寺
直指庵
右京区
平野神社
等持院
北野天満宮
天神市
P154
宇多野駅
仁和寺 P75、77
P74 大覚寺
大沢池
広沢池
嵐電北野線
北野白梅町駅
御室仁和寺駅
鳴滝駅
P157 澤屋
P157 とようけ茶屋
P86 立本寺
清凉寺
森嘉 P158
二尊院
P75
嵯峨嵐山駅
太秦駅
常盤駅
山陰本線
花園駅
円町駅
嵐山駅
嵐電嵐山本線
広隆寺
東映太秦映画村
天龍寺
P74
鹿王院
P84、205
鹿王院駅
車折神社
帷子ノ辻駅
天神川駅
太秦
地下鉄東西線
中京区
西大路御池駅
渡月橋
嵐山
西山艸堂
P161
嵐山駅
太秦広隆寺駅
蚕ノ社駅
嵐電天神川駅
京都嵐山
花灯路 P7
西院駅
西院駅
松尾大社
松尾大社駅
桂川
西京区
9
阪急嵐山線
鈴虫寺
苔寺(西芳寺)
阪急京都線
西京極駅
小川珈琲 P62
上桂駅
桂離宮
西大路駅
171
桂駅
N
0
1km

〈地図E〉伏見・宇治エリア

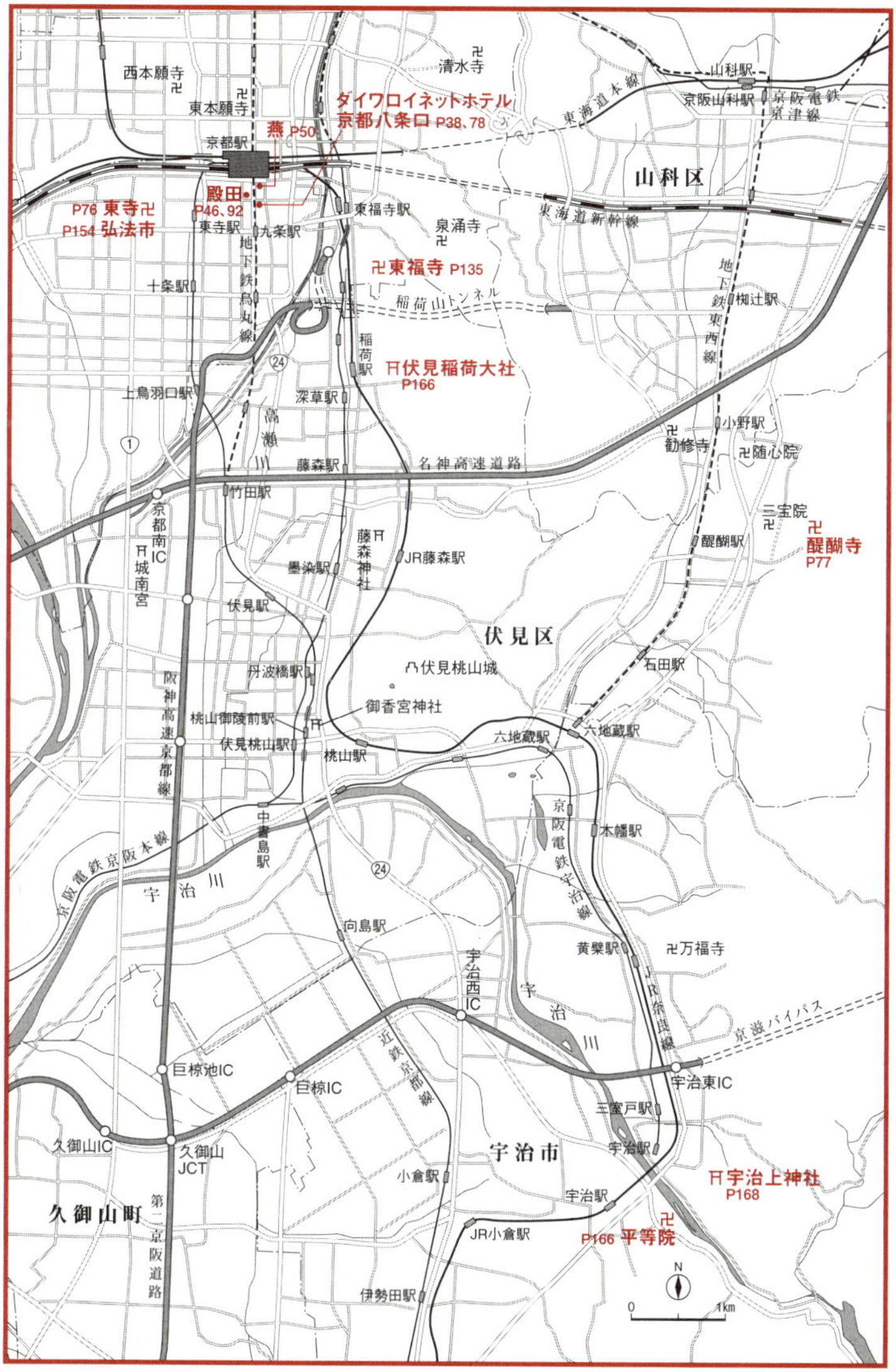
西本願寺
東本願寺
清水寺
ダイワロイネットホテル
京都八条口 P38、78
燕 P50
京都駅
東海道本線
山科駅
京阪山科駅
京阪電鉄
京津線
山科区
殿田
P46、92
P76 東寺
P154 弘法市
東寺駅
九条駅
東福寺駅
泉涌寺
東海道新幹線
東福寺 P135
十条駅
地下鉄烏丸線
稲荷山トンネル
椥辻駅
地下鉄東西線
稲荷駅
伏見稲荷大社
P166
24
上鳥羽口駅
深草駅
高瀬川
小野駅
勧修寺
随心院
1
藤森駅
名神高速道路
竹田駅
京都南IC
三宝院
醍醐駅
醍醐寺
P77
城南宮
藤森神社
JR藤森駅
墨染駅
伏見駅
伏見区
丹波橋駅
伏見桃山城
石田駅
阪神高速京都線
桃山御陵前駅
御香宮神社
伏見桃山駅
桃山駅
六地蔵駅
六地蔵駅
京阪電鉄宇治線
木幡駅
中書島駅
京阪電鉄京阪本線
宇治川
24
向島駅
黄檗駅
万福寺
宇治西IC
宇治川
JR奈良線
京滋バイパス
巨椋池IC
巨椋IC
近鉄京都線
宇治東IC
三室戸駅
久御山IC
久御山JCT
宇治市
宇治駅
小倉駅
宇治上神社
P168
宇治駅
久御山町
第二京阪道路
JR小倉駅
P166 平等院
伊勢田駅
N
0
1km

京都に行く前に知っておくと得する50の知識

著者　柏井　壽

2016年11月1日　初版発行

発行者　横内正昭
編集人　青柳有紀

発行所　株式会社ワニブックス
〒150-8482
東京都渋谷区恵比寿4-4-9　えびす大黒ビル
電話　03-5449-2711（代表）
　　　03-5449-2716（編集部）

ワニブックスHP　http://www.wani.co.jp/
WANI BOOKOUT　http://www.wanibookout.com/

印刷所　株式会社美松堂
製本所　ナショナル製本

装丁／小口翔平（tobufune）
本文デザイン＋DTP／斎藤 充（クロロス）
写真／アフロ
地図／千秋社
校正／玄冬書林
編集／内田克弥（ワニブックス）

定価はカバーに表示してあります。
落丁本・乱丁本は
小社管理部宛にお送りください。
送料は小社負担にてお取替えいたします。
ただし、古書店等で購入したものに
関してはお取替えできません。

ISBN 978-4-8470-9509-2
JASRAC 出1610891-601